LES
CONCEPTS DE CAUSE

ET

L'ACTIVITÉ INTENTIONNELLE DE L'ESPRIT

THÈSE POUR LE DOCTORAT

PRÉSENTÉE DEVANT LA FACULTÉ DES LETTRES DE POITIERS

Par A. BELLANGER

Licencié ès lettres et en philosophie

PARIS
FÉLIX ALCAN, ÉDITEUR
108, BOULEVARD SAINT-GERMAIN, 108
—
1904

Tous droits réservés.

LES

CONCEPTS DE CAUSE

ET

L'ACTIVITÉ INTENTIONNELLE DE L'ESPRIT

LES
CONCEPTS DE CAUSE

ET

L'ACTIVITÉ INTENTIONNELLE DE L'ESPRIT

THÈSE POUR LE DOCTORAT

PRÉSENTÉE DEVANT LA FACULTÉ DES LETTRES DE POITIERS

Par A. BELLANGER

Licencié ès lettres et en philosophie

PARIS

FÉLIX ALCAN, ÉDITEUR

108, BOULEVARD SAINT-GERMAIN, 108

—

1904

Tous droits réservés.

INTRODUCTION

I

La plupart des philosophes semblent supposer que l'idée de cause reste toujours identique à elle-même. Ils en parlent au singulier : « la cause efficiente ». Ceux qui se hasardent à distinguer deux concepts différents, l'un dit vulgaire, l'autre appelé scientifique, laissent entendre qu'il n'y a pas lieu de pousser plus loin l'analyse.

Cette manière de voir est beaucoup trop simple. La conception de la cause s'est transformée souvent ; elle subit, d'un système à l'autre, de véritables métamorphoses.

Pour mieux nous rendre compte de cette plasticité, rapprochons les unes des autres un certain nombre de formes historiques, qui, toutes, ont joué un rôle important — et le conservent encore — dans l'histoire des idées philosophiques.

Voici d'abord, en tenant compte seulement du degré de liberté ou de nécessité, le hasard pur du joueur, la déesse Fortune des Grecs et des Latins, ou, ce qui revient au même, le « clinamen » donné aux atomes par Épicure. Ensuite paraît la cause libre en partie indéterminée, en partie soumise à certaines conditions qui endiguent en quelque sorte la spontanéité de l'agent. Ce « genre » fournit d'ailleurs un grand nombre d' « espèces » désignées par les sens multiples du mot de « liberté ». — Nous rencontrons maintenant la cause fatale au sens des empiristes : l'effet ne saurait manquer, mais l'esprit humain n'arrive pas à saisir le pourquoi de cette séquence. — Plus loin, la cause est affirmée « nécessaire » : les effets se déduisent. Selon que la nécessité est universelle, comme chez Spinoza, ou dépend de principes contingents, comme chez la plupart des savants modernes, on a deux variétés du même concept.

Prenons maintenant pour principe de classification la présence ou l'absence d'une « intention » dans la cause. Soit, en premier lieu, l'activité intentionnelle parfaite, telle que la décrivent les partisans de la personnalité divine : la cause a pleinement conscience de la fin qu'elle se propose et des moyens qu'elle emploie. Négligeons pour plus de commodité la nature de la fin qui pourtant varie beaucoup : instinct de tyrannie chez l'Être suprême, bonheur de mal faire, disent les pessimistes; bienveillance pour l'humanité et désir de se « manifester », enseignent les philosophes du moyen âge ; amour du beau et du bien, selon Platon et Leibnitz. Occupons-nous seulement du degré de conscience qui accompagne le déploiement de l'activité et faisons peu à peu disparaître cet élément. Enlevez la connaissance et le choix des moyens, vous aurez l'activité de l'homme en colère qui fonce sur l'obstacle d'un geste fou. Diminuez la perception du but, en la rendant aussi vague que possible : c'est l'état de la bête souffrante qui s'agite sans savoir pourquoi. Éliminez toute connaissance en laissant subsister cependant une influence inexplicable du résultat sur le devenir ; vous obtenez la cause finale inconsciente telle que la conçoivent Aristote, Hégel et Schopenhauer. Supprimez, pour en finir, toute espèce d'influence de « l'acte sur la puissance », il vous reste la cause efficiente aveugle de l'atomiste, du physicien et du chimiste. Total, cinq causes différentes ajoutées à celles que nous connaissons déjà.

Un travail du même genre nous donnerait, à propos de l'idée « d'action », au moins trois formes nouvelles : cause transitive, cause immanente et cause occasionnelle.

Ce n'est pas tout. Il est rare que les philosophes n'aient pas recours, concurremment, à plusieurs types de causes. Ainsi, sans exclure les formes opposées, on peut donner la suprématie à l'idée de cause libre ou à celle de cause fatale, à l'idée de cause finale ou à celle de cause aveugle. On peut encore, à la manière de Kant, faire coexister tous ces concepts dans des mondes différents. De là, des « systèmes » de causes, variables à l'infini, dans chacun desquels les idées employées reçoivent, par suite de la place qu'elles occupent, des déterminations complémentaires.

Enfin l'on trouverait un nouvel élément de variété si l'on considérait non plus la compréhension, mais l'extension des concepts de cause. Là encore, l'unité d'opinion est plus apparente que réelle. La formule universellement reçue : « Tout ce qui existe a une cause », subit des restrictions de plus d'une sorte. Les primitifs acceptent sans répugnance, comme nous aurons lieu de le montrer, des faits contraires à l'universalité de ce principe. Les philosophes, selon qu'ils admettent ou refusent d'accorder l'existence d'une cause première, l'étendent plus ou moins.

Ces remarques suffisent à montrer qu'il existe, non pas un concept, mais des concepts de cause. Il est plus facile encore de s'en apercevoir quand, au lieu d'abstraits simplifiés, on étudie des pensées vivantes. On constate alors que d'un esprit à l'autre, et souvent dans le même esprit à deux moments rapprochés, le mot de cause efficiente évoque des groupements d'idées très différents. C'est là une vérité dont il importe de tenir le plus grand compte. Ce fait, dûment constaté, sera pour nous une sorte de principe directeur, toujours présent, dans les recherches qui vont suivre.

II

Nous avons l'intention de reprendre, à l'aide de données nouvelles, le problème souvent débattu de « l'origine de l'idée de cause ».

Les solutions classiques, l'innéisme et l'empirisme ne nous satisfont aucunement. A l'une comme à l'autre de ces théories nous reprochons de ne pas tenir assez compte de la complexité et de la mobilité des concepts qu'il convient d'expliquer.

Les innéistes parlent de l'idée de cause comme d'une chose simple et immuable. Ils en font une donnée primitive de la pensée, une *catégorie*. Une fois dégagée de l'inconscient, cette idée demeure identique à elle-même. Les variétés constatées chez les individus ne sont que des « enluminures » d'un dessin primitif ; au sein des concepts les plus divers, ils prétendent découvrir une partie commune, une sorte de noyau solide et permanent. Les empiristes admettent, il est vrai, une certaine évolution du concept de cause : l'esprit débute par la forme « vulgaire », remplacée peu à peu, grâce à l'expérience, par la forme « scientifique ». Mais cette transformation s'opère en quelque sorte tout droit et d'un mouvement continu. Les périodes de crises, hésitations, arrêt ou même régression, leur semblent choses négligeables.

Ce sont là deux opinions fausses. Le concept de cause n'évolue pas, comme le supposent les empiristes, suivant une direction unilinéaire. Semblable si l'on veut à ces masses protoplasmiques qui émettent des prolongements en tous sens, il se transforme continuellement et de toutes façons. L'hypothèse d'une sorte de noyau permanent n'est également guère soutenable. Si rudimentaire qu'on la conçoive, l'idée de cause est déjà un concept, un tout, composé d'éléments divers venus à l'esprit à des époques et par des voies différentes. Tous les éléments employés peuvent passer par trois états : être dominateurs, puis subordonnés, puis disparaître. Il se produit à la longue des formes extrêmes qui n'ont plus rien de commun. L'activité immanente des panthéistes, indépendante du temps et de l'espace, ne ressemble aucunement à la conception kantienne de la cause : « une succession réglée dans le temps ».

Une théorie complète de l'origine des idées de cause doit rendre compte de tous ces faits. Il ne suffit pas d'expliquer tant bien que mal la forme jugée préférable. On doit nous apprendre pourquoi l'esprit ne s'en tient pas à une seule forme ; pourquoi tel concept subit des alternatives de succès et de revers, pourquoi tel autre trouve à la fois et tout le long de son histoire des partisans convaincus et des adversaires irréductibles. Or, de tout cela l'empirisme comme l'innéisme ont trop peu l'air de se préoccuper. C'est pourquoi, de prime abord, nous écartons ces deux doctrines.

Les empiristes et les innéistes ont omis, croyons-nous, dans leurs systèmes une donnée capitale : l'activité intentionnelle de l'esprit. Lorsqu'un but l'intéresse, toutes les facultés mentales de l'individu sont excitées, sont tendues vers l'action. Pour réussir, il regarde, il écoute, il flaire, il se souvient, il imagine, il combine des idées. Il examine de près des faits qui jusque-là l'ont laissé indifférent. Grâce à la peine qu'il se donne, il opère parfois des découvertes utiles. Celles-ci, retenues du premier coup, occupent désormais une place importante dans la pensée. Il peut même se faire que l'esprit exagère la valeur de ses trouvailles. Dans sa recherche hâtive du succès, l'homme croit facilement ce qu'il désire, il devient partial et intransigeant. N'empêche que sans l'excitation puissante d'un avantage pressenti il serait demeuré inerte et le résultat constaté n'eût jamais été produit.

Cette loi très générale de l'activité mentale préside à la naissance de tous nos concepts de cause. Elle rend compte non seulement des formes rares et tardives, mais des formes communes et d'apparence spontanée. Elle permet de comprendre la coexistence ou la succession de théories différentes, les luttes du déterminisme et du libre arbitre, du mécanisme et du finalisme, de l'occasionalisme et de l'efficience, du finitisme et de l'infinitisme. Tous les concepts sont ou peuvent être utiles à des points de vue divers. Leur utilité, au moins devinée, les fait choisir. Lorsque cette qualité diminue ou cesse d'exister, le concept se transforme, il tend à disparaître. L'histoire entière de l'idée de cause, à prémière vue si enchevêtrée, devient intelligible et facile à suivre pour peu que l'on fasse intervenir l'activité intentionnelle de l'esprit.

III

Le procédé le plus simple pour démontrer notre thèse consiste sans doute à classer les esprits d'après les besoins généraux auxquels les hommes obéissent de préférence. Nous sommes donc amenés à partager l'espèce humaine en trois grandes catégories.

Le premier groupe sera constitué par la foule innombrable des primitifs. Écrasés par les besoins multiples de la vie matérielle, ils ne sauraient, pour ainsi dire, donner place aux préoccupations intellectuelles et morales. Le souci du bien-être personnel ou familial absorbe toute leur activité. Ils sont mus par des tendances presque uniquement utilitaires.

Le second groupe sera composé des philosophes et des savants. Chez eux prédominent les besoins intellectuels. La recherche du bien-être matériel ne les préoccupe pas outre mesure. Ce sont des contemplateurs. Ils goûtent un bonheur très grand à s'enquérir des lois du monde; ils font et défont dans leur pensée le plan de l'univers; ils sont, par tempérament, soucieux du logique, amoureux du nécessaire.

Le dernier groupe comprendrait ceux que préoccupent surtout les idées morales et religieuses. Esprits désireux du bien et de la « justice », ou encore défenseurs attitrés des perfections divines, ils traitent la science en servante, sinon en ennemie. Ils n'admettent pas qu'on puisse leur poser, au nom de la spéculation, des objections insolubles. Ils sacrifieront tout pour sauvegarder les lois sacrées de la morale, les droits souverains de la divinité. Ils tiennent, comme disent les disciples de Kant, pour le « primat de la Raison pratique ».

Grâce à cette division, on risque moins d'abandonner la réalité vécue et de se laisser influencer par les doctrines d'écoles. Surtout, suivant le conseil de Descartes, la difficulté se trouve partagée. C'est pourquoi nous étudierons successivement l'influence, sur nos concepts de cause, des besoins de la vie pratique, des besoins de la science, des croyances morales et théologiques.

LIVRE PREMIER

La cause efficiente et les besoins de la vie pratique.

Nous essaierons, au cours de ce premier livre, de mettre en lumière l'influence des besoins de la vie pratique sur la genèse et sur les premières transformations de nos concepts de cause. Tous nos exemples seront pris dans la catégorie des primitifs. Nous appelons de ce nom, outre les enfants, un grand nombre d'adultes au développement mental entravé: idiots, crétins, dégénérés: l'immense majorité des peuplades encore sauvages, et enfin, même, si l'on veut, bon nombre de civilisés restés très ignorants. Pour plus de simplicité, il sera fait abstraction des faibles exigences intellectuelles et morales qui semblent poindre déjà.

Dans une première partie le concept de cause efficiente sera étudié en lui-même, indépendamment de l'extension plus ou moins grande qu'il peut recevoir. Après avoir décrit avec quelques détails les éléments qui le constituent, nous préciserons pour chacun d'eux les motifs qui les ont fait choisir. Ensuite nous entreprendrons le même travail pour ce que l'on est convenu d'appeler le « principe de causalité ».

PREMIÈRE PARTIE

LES CONCEPTS VULGAIRES DE CAUSE EFFICIENTE

CHAPITRE PREMIER

LES FAITS. — MULTIPLES TRANSFORMATIONS

Les philosophes, dans leurs analyses, attribuent le plus souvent trois caractères au concept vulgaire de cause efficiente : l'action, la spontanéité, l'intention. A les en croire, la cause efficiente représenterait toujours, dans la pensée des primitifs, un être actif, maître de ses effets et doué de conscience. Des observations nombreuses, mais souvent mal triées, relevées sur des enfants de tout âge, sur des hommes de tout pays, des inductions tirées de l'étude des langues anciennes et modernes, sont apportées à l'appui de cette affirmation.

Cette manière globale de procéder offre un grand inconvénient. Elle tend à faire croire que le concept originel est relativement simple et, dès son apparition, immuablement figé. Au contraire, l'idée de cause, issue d'une masse confuse et mouvante de sensations et d'idées, garde toujours une instabilité très grande. Une observation directe, attentive et patiente, met sous les yeux un ensemble assez considérable de notions distinctes qui tour à tour s'agrègent ou se séparent et dont l'importance relative varie continuellement. Pour mettre en évidence cette complexité et cette mobilité, étudions à part, comme dans une série de monographies, les idées d'antécédent constant, d'antécédent suffisant, d'antécédent substantiel, d'action, d'intention, de relation spatiale, caractères qui, de l'aveu de tout le monde, font partie de notre concept. A propos de chacun de ces caractères nous préciserons autant que possible la période d'apparition, puis nous en suivrons les métamorphoses, au cours de la seconde enfance, chez l'adulte à l'état sauvage, chez les illettrés de nos pays. Nous jugerons alors, en connaissance de cause, dans quelle mesure notre concept est simple ou complexe, stable ou mobile,

1° *Idée d'antécédent constant*. — Le concept de cause efficiente semble se confondre, tout d'abord, avec celui d'antécédent relativement constant d'un phénomène. C'est du moins sous cette forme approchée qu'il nous est donné de l'observer chez le jeune enfant. De très bonne heure, dès le troisième ou le quatrième mois, disent certains observateurs médecins, l'enfant a déjà remarqué qu'il lui suffit de crier pour voir approcher sa nourrice; il sait que le fait de simuler la douleur provoque d'une façon presque assurée l'événement désiré; il use, assure-t-on, de ce stratagème, par pure malice, sans éprouver aucune souffrance physique. Quoi qu'il en soit, dès le sixième ou le huitième mois, il n'ignore pas qu'une flamme brûle, qu'une éponge mouillée refroidit, qu'une montre mise à son oreille laisse entendre un bruit, que la voix menaçante de son père présage une sensation pénible (1). Puis le nombre de ces antécédents, en quelque sorte privilégiés, augmente pour lui rapidement. Que l'on songe en effet à la multitude des signes indicatifs de successions constantes logées dans le cerveau d'un enfant de deux à trois ans. Le seul fait de jouer sans se blesser dans un appartement étroit et encombré de meubles en suppose déjà un grand nombre. Que de précautions prises, que de heurts évités, que de souvenirs rappelés, que de jugements à demi conscients formulés sur la nature des choses ! Il faudrait pour les décrire un chapitre entier. Il faudrait un livre pour énumérer seulement les recettes de toutes sortes, les ruses de chasse ou de guerre emmagasinées et classées dans la mémoire d'un sauvage. Une encyclopédie déjà volumineuse contiendrait à peine les innombrables préceptes de culture, d'élevage, d'industries diverses que se transmettent de générations en générations les membres d'une peuplade à demi civilisée.

Ces relations d'antécédent à conséquent ne deviennent pas seulement toujours plus nombreuses, le lien qui les unit apparaît plus ou moins étroit ; tour à tour il se resserre ou se relâche. Il y a là comme un phénomène d'oscillation curieux à étudier. Au début, l'antécédent, mal choisi si l'on veut, n'ayant avec le phénomène qui le suit qu'un rapport fortuit, est cependant affirmé avec une confiance absolue.

(1) Cf. PREYER : *L'Ame de l'enfant*. Paris, 1887, passim.

L'enfant attend béatement le résultat prévu sans songer aux exceptions possibles. A cette période d'assurance excessive succède pendant le cours de la deuxième année (1) une période d'excessive indécision. Déjà l'idée d'une spontanéité capricieuse, imprévisible, est apparue; elle a comprimé et presque anéanti la croyance antérieure en l'absolue constance des phénomènes. A cette époque, l'enfant n'est plus sûr de rien, tout lui fait peur. Il se cache à la vue d'une chose nouvelle ou d'une personne inconnue. Puis l'esprit revient par degrés à sa conception primitive, il reprend confiance dans la constance de l'action causale. A la longue, certaines choses lui sembleront même obéir à des habitudes tellement tenaces, qu'un sentiment de sécurité absolue finira par s'établir. Il maniera des blocs énormes, il construira des édifices gigantesques, il affrontera le vent et les tempêtes; il accomplira tranquillement, sans se croire téméraire, des œuvres dont la pensée seule épouvantait ses ancêtres dans un âge précédent.

Ainsi le sentiment de la constance causale, d'abord inséparable de l'idée de cause, est remplacé par une croyance toute contraire. Puis la conception première revient en faveur, en très grande faveur même, sans réussir, cependant, à regagner complètement le terrain perdu.

2° *Idée d'antécédent suffisant.* — L'antécédent constant est, de plus, considéré comme suffisant. Cela veut dire qu'il n'est aucunement besoin, pour produire ou pour expliquer l'effet, de recourir à aucune autre chose. Cette idée subit au cours de

(1) Cf. BALDWIN (James Mark) : *Le Développement mental chez l'enfant et dans la race.* Paris, 1897, pp. 10) et sq.

l'évolution mentale plus d'un changement. Il est surprenant combien, à ce point de vue, le primitif se contente de peu. Les phénomènes qui nous semblent nécessiter le concours d'antécédents le plus nombreux ont toujours été expliqués à l'origine par une cause unique. Une peuplade d'Afrique n'affirmait-elle pas (1) qu'un animal tout petit, une mante religieuse a créé le monde. C'est un dragon, au dire des Chinois, qui mange la lune lorsqu'elle décroît ; un serpent immense, couché au fond de la mer, produit, au jugement des nègres de la Polynésie, le flux et le reflux. Assigner plusieurs causes à un phénomène unique étonne toujours, au début, la pensée simpliste des ignorants.

Ils ne tardent pas cependant à remarquer que certains événements empêchent l'effet attendu de paraître. Si le chat boit son lait, si le chien happe son biscuit, si un camarade mange ses bonbons, l'enfant n'aura plus rien. De même, dans un ordre de choses différent, si une maladie décime les troupeaux, si la grêle hache le blé ou la vigne, le cultivateur aura travaillé en vain. On arrive ainsi de bonne heure à distinguer deux espèces de conditions très différentes : les unes, positives en quelque sorte, qui ont tendance à être suivies d'un certain effet ; les autres, négatives, qui ont tendance à empêcher le fait désiré de se produire.

Enfin la cause positive elle-même finit par sembler de moins en moins suffisante. L'enfant s'apercevra, par exemple, que, pour soulever une grosse pierre, c'est trop peu, comme il l'avait pensé d'abord, d'un effort individuel ; il implorera le secours de

---

(1) Cf. LANG : *Mythes, Cultes et Religions*.

quelques camarades. Pour allumer du feu il convient sans doute de frotter l'un contre l'autre deux morceaux de bois, encore faut-il les choisir et tenir tout près de la mousse bien sèche. L'expérience découvre aussi des cas, toujours plus nombreux, où une suite d'antécédents multiples est absolument requise. Creuser une pirogue, chasser un animal rusé, préparer un remède efficace, cultiver une plante, tout cela réclame une série très longue d'actes très compliqués.

Le fait unique jugé suffisant a donc fini par ne plus l'être. Pour assurer le résultat désiré, le primitif sait qu'il doit tenir compte d'une pluralité de causes. Il en distingue même de plus d'une sorte : les unes sont négatives, les autres positives ; les unes totales, les autres partielles.

3º *Idée d'antécédent substantiel.* — De plus, dès l'origine, la cause efficiente est conçue comme une substance ; très vite elle devient en outre une substance matérielle.

A l'époque lointaine où un rapport de succession à peu près régulier est établi entre deux sensations simples, comme voir une flamme et sentir une brûlure, l'antécédent, nettement distingué de tout ce qui n'est pas lui, est déjà posé à part comme une chose indépendante de toutes les autres ; il existe « en soi et par soi », il a les deux attributs essentiels de la substance. Bientôt, les sensations de chaud et de froid, d'odeur, de saveur, de couleur même, s'unissent entre elles, et fusionnent avec la sensation d'étendue résistante : des objets se trouvent constitués. A partir de ce moment, toute cause est un objet matériel. Dites à un enfant que certaines substances, enflammées, produisent des gaz en très grande quantité, lesquels, surchauffés, demandent à occuper beaucoup d'espace et brisent avec fracas ce qui s'oppose à leur sortie; qu'il assiste, le lendemain, à une explosion de mine, il vous dira que la cause, c'est l'ouvrier qui a creusé le trou de mine, ou la poudre grisâtre qu'on y a déposée. Votre explication de la veille est oubliée; pour lui, comme pour tous les primitifs, une cause n'est pas une loi, ni un phénomène antécédent, c'est toujours un objet visible et tangible, une chose matérielle.

Les causes internes elles-mêmes, celles qui, plus tard, deviendront des substances spirituelles, n'échappent pas à cette transformation. Le primitif les isole du milieu continu où il les perçoit et il les matérialise. Le sentiment de tension musculaire devient alors la « force », c'est-à-dire une sorte de fluide extrêmement mobile, qui pénètre les membres; les pensées sont des images vaporeuses qui dansent dans l'esprit; l'âme enfin devient, comme ses noms grec et latin l'indiquent, un souffle d'air, une substance subtile, sans doute, mais de nature matérielle.

4° *Idée d'action.* — A côté, ou mieux à l'intérieur des notions étudiées jusqu'ici s'introduit bientôt un élément nouveau : l'idée d'action. Ce résultat est indiqué lorsque nous disons que la cause *agit*, *opère*, qu'elle *produit* un phénomène.

A quel moment précis cette idée paraît-elle? Les innéistes lui accordent la priorité sur toutes les autres; les empiristes lui assignent une origine ultérieure. Aucun fait positif ne permet, croyons-nous, d'élucider complètement le point en litige. Seulement s'il est vrai que, pendant la première année, peut-être même plus longtemps (1), tous les objets, y compris le propre corps, ne sont pour l'enfant que des images mobiles ; si on peut en toute rigueur leur appliquer le mot fameux de Berkeley : *esse est percipi*, comment songerait-il à les considérer comme des forces? Il faut au préalable que l'individu, né capable de réflexion, ait pris conscience de son activité propre, pour que l'idée d'action, objectivée, prenne place de l'autre côté du rideau des sensations. Encore pendant de longs mois, pendant quelques années peut-être, obscure et vacillante, elle occupe sans doute une place infime dans la pensée : la cause est surtout un phénomène qui en *présage* un autre.

Quoi qu'il en soit, un jour arrive où, de progrès en progrès, l'idée d'action détient sans conteste le premier rôle. Source du devenir, principe d'énergie souvent puissant et redoutable, elle est l'élément essentiel du concept de cause. Que le lecteur s'interroge lui-même sur le motif qui le porte, indépendamment de tout système philosophique, à décerner à tel objet, de préférence à tous les autres, le titre de cause. La raison n'est pas que sa présence accompagne habituellement le fait considéré. Les primitifs choisissent souvent des antécédents rares, encore inexpérimentés. La barbe d'un missionnaire ne devint-elle pas, aux yeux d'une peuplade sauvage, la cause d'une longue sécheresse (2)? C'est toujours au contraire parce que, sous l'influence de motifs plus ou moins conscients, on a été conduit à supposer, dans l'objet choisi, une énergie spéciale, une

(1) Cf. BALDWIN : *Op. cit.*, pp. 16, 137 ; — PREYER : *L'Ame de l'enfant*. Paris, 1887, p. 439.
(2) LANG : *Mythes, Cultes et Religions*.

force capable de produire l'effet. L'idée d'action est donc bien, pour nous, la marque distinctive de toute espèce de cause.

Par contre, à mesure que cette notion se développe, on voit s'atténuer, pâlir et parfois disparaître d'a‧res éléments préexistants. Les caractères extérieurs de la cause, sa couleur, sa dureté ou sa fluidité, ses dimensions intéressent de moins en moins. L'effet surtout n'a plus, comparé à la cause, la même importance. A l'origine, il accaparait à son profit la majeure partie de l'attention disponible : à la vue d'une main levée l'enfant pense surtout à la sensation douloureuse qui suivra. Peu à peu l'effet perd, en partie, son individualité. Dans la cause, même à l'état de repos, il apparaît déjà vaguement préformé ; il y réside comme une pensée encore inexprimée et incomplète réside dans l'esprit. Lorsqu'il est produit, fût-ce très loin de l'endroit où la cause semble agir, il lui reste uni par un invincible lien d'influence ; il en sort par émanation. Bien plus, le rapport si important de « constance » causale se trouve lui-même extrêmement compromis. Tout à l'origine on osait presque dire : *Posita causa sequitur effectus.* Maintenant cette maxime n'est plus absolument vraie. L'effet dépend tellement de l'activité de la cause, qu'il n'a plus de droits à l'existence. Il paraîtra s'il plaît à l'énergie cachée de s'épancher au dehors ; mais si la cause se complaît dans sa torpeur, le phénomène attendu ne se produira pas. Si elle n'est pas absolument primitive comme nous avons essayé de le montrer, du moins l'idée de puissance active devient vite un élément très important du concept de cause ; à certaines heures, on dirait que, seule, elle le constitue tout entier.

5° *Idée d'activité intentionnelle.* — A l'idée d'action se joint volontiers celle d'intention. La cause est souvent, aux yeux des primitifs, douée de conscience et capable d'agir pour une fin au moins entrevue.

On va même jusqu'à dire qu'il en est toujours ainsi. C'est là une affirmation assez répandue ; il convient de l'examiner et de la réfuter au besoin. Il nous semble, en effet, que l'idée de cause intentionnelle est postérieure à celle de cause aveugle et qu'elle ne la remplace jamais complètement. D'après les meilleurs observateurs, le sentiment de la personnalité ne paraîtrait pas avant la fin de la seconde année (1). « Pendant la troisième année, nous dit-on, l'enfant commence à user avec intelligence des mots, je, me, moi (2). » Il ne songerait guère, avant l'âge de quatre ans, à donner la vie aux objets matériels. Depuis longtemps l'enfant connaît l'existence de rapports constants. L'idée d'intention, plus récente, s'introduit alors, à titre d'élément nouveau, dans la notion de cause aveugle déjà formée. De même l'idée de cause intentionnelle n'est jamais universelle. Elle le devient beaucoup moins que l'idée pourtant voisine de cause libre. Même aux jours où elle est généralisée avec le plus de facilité. Il reste dans la nature un grand nombre d'objets auxquels le primitif ne l'applique pas. Les personnes — et il s'en trouve — ayant conservé des souvenirs qui remontent à l'âge de deux ou trois ans, se rappellent fort bien avoir nettement distingué à cette époque deux classes d'êtres : les êtres vivants et les choses inanimées. Les tout

---

(1) Cf. BALDWIN (Mark) : *Op. cit.*, p. 142.
(2) Cf. BALDWIN (Joseph) : *Elementary psychology and education.* New-York, 1888, p. 77.

petits enfants, observés de près, ne paraissent pas davantage supposer la vie dans tout ce qui les intéresse : le hochet qu'ils agitent, la pierre qu'ils jettent. Les poupées elles-mêmes avec lesquelles ils tiennent de longues conversations nous inspirent des doutes. Assurément ils les traitent souvent comme des personnes vivantes ; mais n'agissons-nous pas de même encore, avec les marionnettes d'un guignol, par exemple, pour un moment et par manière de jeu? Seules, certaines écoles philosophiques, et pour des motifs particuliers que nous indiquerons, ont poussé jusqu'au bout la tendance hylozoïste. Les primitifs ont toujours conservé à côté du concept de cause intentionnelle celui de cause aveugle.

Il n'en est pas moins vrai que, une fois formée, l'idée de cause intentionnelle est généralisée avec une facilité surprenante. Il n'est pas un objet de la nature, si mort, si inerte soit-il, qui ne puisse à certains moments paraître receler de multiples intentions cachées. On sait d'ailleurs combien cette tendance est vivace, puisque, pour le civilisé, aux heures de dépression ou d'angoisse, les meubles d'un appartement, les arbres des haies, les bornes du chemin, les nuages du ciel, prennent des airs menaçants et deviennent, pour quelques instants au moins, des causes animées. Cependant, même chez le primitif, cette période de folle expansion ne dure pas longtemps. Très vite, l'idée de cause intentionnelle subit un mouvement de régression. Elle abandonne, en premier lieu, d'une façon en quelque sorte définitive, la plupart des objets d'usage courant. Ces objets ont des *propriétés :* ils sont légers ou pesants, chauds ou froids, sonores, savoureux, bienfaisants ou nocifs, sans le savoir et sans le vouloir, par nature. L'activité intentionnelle se retire encore de tous les êtres stables : la terre, les rochers ; elle délaisse ceux qui, ayant l'air de se modifier spontanément, ne répondent pas quand on les frappe par un geste d'attaque ou de défense : une machine, par exemple. Enfin, tout ce qui tombe directement sous les sens finit par relever de la causalité aveugle. Le propre corps devient une chose, de soi inerte, qu'une âme logée à l'intérieur doit faire mouvoir.

Exilée du monde visible, l'idée de cause intentionnelle se réfugie dans un monde invisible, où elle peut vivre et se déployer à l'aise. En effet, à chaque nouveau recul, loin de diminuer et de pâlir avec la distance, elle grandit au contraire et croît sans cesse en intensité. Vers le début, pendant la période dite fétichiste, les causes intentionnelles, disséminées partout, ont une vie psychologique presque nulle. Elles veulent le bien ou le mal, sans savoir pourquoi ; elles ne se rendent pas compte des moyens à employer ; leur puissance est limitée : à distance on ne les craint plus. Êtres de pur sentiment, peu intelligents, d'une activité très bornée, ce sont à peine des personnes !

Dans la période polythéiste, la personnalité des causes intentionnelles s'accuse davantage. Les dieux agissent encore pour des motifs tout de passion, ils ont des amitiés et des haines irraisonnées. Mais les sentiments qui les agitent sont autrement variés et autrement intenses : l'amour, l'amitié, la vanité, la jalousie, la rancune, l'orgueil, les poussent tour à tour. Leur mécontentement devient de la colère, de la fureur, de la rage. De plus, ils se préoccupent fort du choix des moyens. Avec quel soin et quelle habileté, dans l'*Iliade* par exemple, ils combinent un discours insinuant ou machinent des ruses de guerre ! Enfin, ils dominent la matière. Jupiter commande à la foudre, Neptune aux flots, Éole aux tempêtes. Les causes intentionnelles de cette période sont beaucoup moins nombreuses et elles manifestent un progrès considérable. — Les primitifs ne dépassent guère cette conception. C'est pourquoi nous n'esquisserons pas ici les transformations nouvelles que chacun entrevoit et qui se produisent à mesure que se précise l'idée monothéiste : motif d'action plus réfléchi et plus moral; intelligence capable d'embrasser de vastes ensembles, de coordonner des éléments nombreux; puissance assez grande pour tirer toutes choses du néant. Le mouvement qui se continue est toujours le même. Réduite à l'unité, la cause intentionnelle verra s'accroître jusqu'à l'infini sa personnalité.

En résumé, entrée sur le tard dans le *consortium* des éléments du concept de cause efficiente, l'idée d'intention s'est montrée d'abord envahissante à l'excès. Puis, refoulée énergiquement au profit d'une conception contraire, elle a dû céder presque tout le terrain usurpé, mais elle l'a fait sans jamais rien perdre de sa vitalité, gagnant sans cesse, en profondeur, si l'on ose dire, ce qu'elle perdait en surface.

6° *Relation spatiale entre la cause et l'effet.* — Enfin quel rapport spatial doit exister entre la cause et l'effet? Ce point n'est pas sans importance; nous l'examinerons en dernier lieu.

L'enfant, même âgé de vingt ou trente mois, n'a pas l'air de songer à ce problème. Il sait qu'une gentillesse lui attire une caresse ou un gâteau, que bon nombre d'objets piquent, coupent ou font souffrir quand on les touche. Ce sont là des actions à distance et des actions au contact. Il enregistre la succession des faits qui l'intéressent sans se préoccuper d'autre chose. De très bonne heure, cependant, prédomine le type d'action au contact. Spontanément l'enfant porte les mains vers les choses qui lui plaisent ; sa crainte diminue lorsque s'éloigne un objet terrible. A l'époque des premiers pourquoi, il se figure volontiers tout ce qu'il voit, les arbres, les maisons, l'univers, comme construit avec les mains. La même croyance persiste chez les adultes ignorants. Dans les cosmogonies très primitives, la divinité agit souvent par l'intermédiaire d'un corps, elle façonne le monde comme un maçon élève un mur.

Plus tard, deux conceptions nouvelles se forment et évoluent. D'abord celle de cause interne, nous n'osons pas encore dire de cause immanente. Tant que le corps est considéré comme la cause unique, directe, immédiate de ses actes, cette idée ne saurait naître. Le primitif constate simplement que certains êtres se meuvent eux-mêmes, tandis que d'autres ne le font pas. Mais à mesure que se développent les idées d'action et d'intention, à mesure que se constitue l'idée d'âme, l'activité, nous l'avons vu, se retire de la surface du corps pour se concentrer à l'intérieur. L'individu est alors composé de deux substances différentes, l'une tout à fait matérielle, le corps, inerte par nature ; l'autre en quelque sorte spirituelle, l'âme, source d'énergie, principe de toute activité. Cette croyance est beaucoup plus longue à s'établir qu'on ne se l'imagine habituellement. Dans l'*Iliade* même, le corps est resté la partie principale de l'individu ; l'âme n'est qu'un double de la personne humaine, une ombre de peu d'importance. Quoi qu'il en soit, une fois établie, l'idée de la cause interne joue dans l'explication des faits un rôle très important. Elle donne la vie et le mouvement à tous les êtres doués, en apparence, de spontanéité. On explique de même, par l'introduction d'une âme étrangère, par la présence momentanée d'un génie bon ou mauvais, un grand nombre de faits surprenants : les maladies étranges, les cas d'inspirations poétiques ou prophétiques. A Delphes, Apollon s'emparait, disait-on, du corps de la Pythie et parlait par sa bouche. D'après de nombreuses cosmogonies, la divinité, infuse dans la matière, la modèle, pour ainsi, dire, du dedans.

Également délaissée, à l'origine, l'idée de cause à distance finit par devenir pour les ignorants un sujet de préoccupations continuelles et intenses. Par tous pays les gens du peuple croient au mauvais œil, aux maléfices des sorciers. Ils imaginent des voisinages funestes, des objets dangereux dont il ne faut pas s'approcher. On se rappelle l'influence occulte attribuée aux astres; la pratique presque universelle de l'envoûtement, la croyance en l'efficacité de la poudre de sympathie. L'action à distance n'a pour ainsi dire pas de bornes, témoin la crainte puissante, inspirée au moyen âge par un Dieu supposé assis sur son trône, dans le ciel, au-delà des étoiles. Ici encore une conception, confuse à l'origine, s'est précisée au point de devenir une des idées importantes de l'esprit.

Résumons les faits établis. D'abord le concept vulgaire de cause efficiente contient des éléments plus nombreux qu'on ne le remarque d'habitude. Nous en avons distingué six; il eût été facile d'en ajouter d'autres. Ces éléments ne se présentent pas tous en même temps à la conscience du primitif. On peut discuter sur la date précise de leur apparition ; il est difficile de ne pas admettre que l'idée d'action suit celle de relation constante, et que l'idée de cause intentionnelle arrive après les deux autres. Enfin, le concept n'est jamais immuable : considéré à n'importe quel moment de son histoire, il ne ressemble complètement ni à ce qu'il a été, ni à ce qu'il sera. Dans une première période, l'idée de succession constante dominait toutes les autres; plus tard, les idées d'activité et d'intention sont devenues principales, et la constance du rapport entre la cause et l'effet a disparu presque complètement; plus tard encore, il s'est produit au sein du noyau primitif une sorte de polarisation. Comme une cellule qui se différencie, le concept de cause efficiente a donné naissance à deux formes opposées : l'idée d'activité intentionnelle et libre, d'une part; l'idée d'activité aveugle et fatale, de l'autre. Arrêtons cette histoire et cherchons la loi qui préside à des métamorphoses en apparence capricieuses.

CHAPITRE II

ORIGINE DU CONCEPT

Tous les faits exposés au chapitre précédent deviennent intelligibles si l'on fait intervenir l'influence prépondérante et continue des besoins pratiques de l'individu. Formés en apparence suivant la loi de la plus grande vérité, nos concepts de cause obéissent en fait au principe de la plus grande utilité.

Cette théorie ne repose pas sur une hypothèse inventée à plaisir. Elle est uniquement l'application, à un cas très particulier, d'une loi générale de l'esprit. Chez le primitif, en effet, toutes les démarches de la pensée, toutes les créations de l'esprit, sont hautement régies par des besoins utilitaires. Établissons d'abord cette vérité.

Une chose n'est vue et retenue, une idée ne devient claire et distincte que si l'attention s'est fixée et concentrée sur elle. Alors seulement un phénomène acquiert assez de relief pour être remarqué et s'implanter dans la mémoire. Faute de quoi, noyé dans la foule des sensations indifférentes, fût-il facile à saisir et répété mille fois, il passe inaperçu ; il ne deviendra jamais partie intégrante d'une synthèse mentale. Or le primitif ne fait attention à rien, sauf à ce qui a rapport à ses besoins personnels. Chez lui les facultés « cognitives » sont toutes sous la dépendance étroite d'une tendance primordiale : vouloir vivre, et vivre le mieux possible. Ses besoins satisfaits, il ne songe plus qu'à s'étendre et à dormir à l'aise. D'activité intellectuelle spontanée, de recherche désintéressée du vrai, on ne trouve nulle trace. Il ne saurait comprendre qu'on se donne de la peine pour connaître des choses sans utilité immédiate. Les événements de la nature qui sembleraient devoir l'intriguer tout d'abord : le cours du soleil, les phases de la lune, le retour régulier des saisons, les marées, n'excitent à aucun degré sa curiosité. Il laisse se succéder les images, les bruits, les sensations de toutes sortes, sans chercher à comprendre. L'étonnement, la curiosité, sont chez lui des sentiments rares. Naturellement paresseux, indifférent, il faut pour que son esprit se décide à faire un effort, pour qu'il observe et retienne, une excitation en quelque sorte venue du dehors, il faut la présence d'un impérieux besoin. Mais qu'un phénomène apparaisse favorable ou hostile à son bien-être, immédiatement les muscles se tendent, les yeux deviennent fixes, leurs oreilles sont attentives. Toutes les facultés, sommeillantes jusqu'ici, entrent en exercice. Le sauvage fait preuve alors de sens subtils, d'une puissance d'attention à peine croyable. Sa mémoire, si rebelle aux idées abstraites, devient d'une fidélité surprenante. Il garde un souvenir exact des lieux où il a passé, retrouve sans s'égarer le gîte d'une bête sauvage, se rappelle, après de longues années écoulées, les traits d'un ennemi ou le dessin d'une pirogue. Son jugement enfin acquiert une finesse, une promptitude, une sûreté merveilleuses. Semblable aux animaux guidés par un instinct spécial, il flaire en quelque sorte et discerne de loin, dans l'immense mêlée des phénomènes, ce qui sera pour lui utile ou nuisible. L'être que nous avons vu paresseux et borné s'est éveillé soudain intelligent et actif. Pour opérer cette transformation, il a suffi d'inquiéter son instinct du « vouloir vivre », de tourner son regard vers un objet dangereux ou utile.

L'influence prédominante des besoins pratiques se montre en particulier, et très clairement, dans la formation des idées générales vulgaires. En vertu des lois que nous avons indiquées, les caractères intéressants pour la vie pratique concentrent sur eux seuls l'attention; les autres s'effacent et cessent d'être vus. Il se produit ainsi une simplification du réel, une sorte de triage de nos représentations : le résultat est la naissance d'une idée générale.

Chacun trouvera la preuve de cette théorie en analysant ses concepts d'enfants. Un chat nous est apparu comme un animal doux au toucher, avec lequel on pouvait jouer, mais muni de griffes et capable de mordre. Un cheval n'était rien de plus qu'une grosse bête pas méchante, sur le dos de laquelle on nous faisait monter. Le mot de mère n'évoque-t-il pas tout d'abord l'image d'une personne qui nourrit, réchauffe et caresse ? Même aujourd'hui nous remarquons surtout dans un éléphant les qualités offensives, sa masse écrasante, ses défenses aiguës et solides, sa trompe lourde et prenante. L'idée de couleur, qui tient tant de place dans nos premiers concepts et peut sembler inutile, n'est-elle pas un signe extrêmement commode permettant de reconnaître à distance et rapidement un grand nombre de propriétés difficiles ou dangereuses à percevoir directement ? Ce n'est pas tout : le principe d'utilité qui préside au choix des éléments du concept décide encore de l'importance relative qu'il conviendra de leur accorder. Les caractères « dominateurs » possèdent toujours une utilité supérieure, ils sont liés d'une façon plus étroite à des besoins plus importants. Pour le vulgaire, un tigre est avant tout un animal féroce et dangereux ; un serpent, un être dont le venin tue avec rapidité. Selon l'usage auquel on le destine, un chien se définira un compagnon fidèle ou un auxiliaire de chasse. Enfin, si nos besoins changent ou, si restant les mêmes, ils sont mieux satisfaits par de nouveaux objets, la perspective intérieure du concept se transforme également. Devenu inutile, le caractère important passe au second plan ; il finit même par disparaître. Au jugement des anciens qui ne connaissaient pas le sucre, l'abeille était caractérisée par la propriété de fabriquer le miel ; aux regards du citadin en villégiature, l'abeille est avant tout une mouche qui pique. Tel ayant, aux jours de la jeunesse, admiré les arbres pour la beauté du feuillage, vieilli, devenu plus soucieux de ses intérêts, supputera seulement leur valeur vénale.

C'est pourquoi nous tenons pour assurées les propositions suivantes : 1º Quelles que soient les facultés de connaître d'un primitif, elles ne s'exercent que sous l'excitation de besoins matériels, qui seuls éveillent, dirigent et soutiennent l'attention. Par conséquent, ce qui n'est pas ou n'est plus utile cesse d'être remarqué et n'est pas retenu. — 2º Nos premières idées générales évoluent, naissent, vivent et meurent, sous l'influence des mêmes besoins. Tous les caractères qui les constituent sont des éléments utiles, et leur importance relative varie avec leur degré d'utilité.

Ces principes vont nous servir maintenant pour expliquer l'origine des divers éléments du concept de cause. Chacun d'eux présente également, lorsqu'il est choisi, un intérêt pratique, et son importance relative s'accentue ou s'efface à mesure qu'augmentent ou diminuent les services qu'il peut rendre. Maints détails, au contraire, restent inexpliqués et deviennent même opposés à ce qu'ils devraient être, si l'on s'obstine à ne pas recourir à des lois de finalité.

1º Le concept de cause efficiente commence, avons-nous dit, avec l'idée relativement simple d'antécédent constant. Dès que l'on établit la liste des premières causes découvertes, on entrevoit la présence de préoccupations utilitaires. Toutes ces causes se rapportent aux besoins de la vie physique. Ce qui apaise la faim ou la soif, réchauffe ou rafraîchit, ce qui facilite le sommeil, ce qui peut compromettre l'intégrité du corps, coupe, heurte, pique, mord, griffe, glace ou brûle, tels sont les objets ou les êtres reconnus en premier lieu comme causes. Cette liste d'antécédents s'allonge ou se resserre selon que les besoins augmentent ou diminuent. Chez les peuples sauvages, ces besoins restent longtemps très simples et partant peu nombreux : la connaissance des causes est également très imparfaite. A mesure que la civilisation se développe, que les hommes deviennent plus difficiles sur le choix d'un abri, des vêtements, de la nourriture, qu'ils se préoccupent davantage du confort, du luxe même, leur esprit se met en quête de nouvelles causes. Ils examinent de plus près, ils scrutent, ils fouillent la nature, ils inventent des instruments de recherche, ils organisent des expériences et de nouvelles relations constantes, des recettes de métiers, des procédés ingénieux sont bientôt découverts. Il est à peine utile de rappeler que des sciences aujourd'hui considérées comme spéculatives, telles l'astronomie et la géométrie, ont pris naissance sous la poussée de préoccupations exclusivement utilitaires. Mais toutes les fois qu'un peuple jadis civilisé retourne à la barbarie, il oublie la plus grande partie de ses connaissances : devenus inutiles, les arts ne s'enseignent plus. Les peuples actuels de l'Inde ou de l'Égypte ne pourraient reconstruire les monuments élevés par leurs ancêtres. Le fait de découvrir des rapports de succession constante et d'en conserver le souvenir est donc sous la dépendance étroite des besoins matériels de l'humanité.

2° A côté de l'idée d'antécédent constant, vient se placer, de très bonne heure, un élément nouveau désigné par les termes d'activité, d'énergie, de force. La cause est capable *d'agir*, elle *produit* son effet.

Cette représentation prend certainement sa source dans un sentiment de tension musculaire ou mentale. Du moins, tel est l'avis de presque tous les philosophes. Des idéalistes comme Maine de Biran, ou des empiristes comme A. Comte, sont d'accord sur ce point. Mais pourquoi ce sentiment est-il remarqué? Selon la doctrine courante, il ne saurait manquer de l'être, étant donnée sa fréquence. Il accompagne tous nos mouvements, tous nos actes de volonté, il est présent toutes les fois que nous sommes des causes. Il doit donc bientôt s'établir entre l'idée de cause et ce sentiment spécial une association étroite, presque indissoluble. Cette argumentation nous laisse assez sceptique. Le sentiment de tension est difficile à saisir. C'est quelque chose de très subtil, de très délicat, qui, même chez le philosophe habitué à s'observer, ne pénètre guère dans les régions de la claire conscience. D'ailleurs, d'autres faits, aussi fréquents et plus intenses peut-être, comme les battements du cœur ou les contractions de l'estomac, sont à peine remarqués et ne jouent presque aucun rôle dans nos synthèses mentales. Tout s'explique, au contraire, si l'on arrive à montrer que le sentiment de tension, musculaire ou intellectuel, est extrêmement utile, en quelque sorte indispensable.

Ainsi pour s'en tenir à l'effort musculaire, ce genre de sensation permet de diriger et de mesurer le mouvement lorsqu'il est produit, et cela non seulement dans l'obscurité, lorsque les yeux ne peuvent surveiller le geste, ce qui serait déjà un grand avantage, mais en toutes circonstances. Depuis quelque vingt-cinq ans, les psycho-physiologistes ont mis en évidence le rôle énorme, longtemps insoupçonné, du sentiment cinesthésique. On sait maintenant que la paralysie des muscles internes ou externes de l'œil entraîne une perturbation considérable dans l'appréciation des grandeurs et des vitesses. La suppression temporaire ou définitive de la sensibilité tactile enlève à tous les mouvements leur rapidité et leur précision. Le malade ne sait plus se servir de ses mains, de ses jambes; il est presque incapable d'écrire, de coudre, de marcher.

Ce n'est pas tout : la sensation cinesthésique nous rend un autre service, encore plus grand peut-être; elle nous permet de prévoir, à l'avance, ce dont nous serons capables, elle nous renseigne à chaque instant sur le bilan de notre force. Que l'on se représente, par exemple, ce qui se passe lorsque nous entreprenons de franchir un fossé un peu large. On commence par mesurer de l'œil la distance. Puis nous contractons légèrement les muscles qui vont servir; autant dire que nous essayons, en raccourci, le mouvement que nous allons faire. Si cette contraction s'opère facilement, avec énergie et souplesse, nous avons confiance, et généralement nous réussissons; dans le cas contraire, nous jugeons sagement qu'il est prudent de nous abstenir. — Un sentiment de tension plus délicat peut-être, mais du même genre, nous renseigne également sur l'étendue et le bon état de nos capacités mentales. Avant d'entrer au conseil, avant de paraître en public, un diplomate, un orateur, s'examinent à l'avance, se tâtent en quelque sorte. Comme un lutteur qui prépare ses muscles, ils concentrent et distendent leur pensée. Si ce mouvement s'exécute dans de bonnes conditions, ils savent qu'ils peuvent compter sur la fidélité de leurs souvenirs, sur la promptitude et la lucidité de leur jugement. De là naît un sentiment de confiance en soi, infiniment précieux puisque de lui dépendent l'énergie et la décision.

En somme, le sentiment de tension qui accompagne tous nos actes nous est extrêmement utile. A tout moment il nous renseigne sur ce que nous pouvons faire ; posé, il contient d'avance, comme le bourgeon la fleur, l'effet qui va s'ensuivre. Il dispense le regard de suivre le mouvement, en assure la précision et la rapidité, et cela d'une façon automatique, rendant libre pour autre chose la plus grande partie de l'attention disponible. Il est une des conditions de notre développement physique ou intellectuel. C'est à tous ces titres, et non seulement parce qu'il accompagne tous nos actes, qu'il devait être remarqué de bonne heure, et devenir un des éléments les plus importants du concept de cause.

Par contre-coup, à mesure que ce caractère se développe, les autres subissent, comme le veut la loi générale, une réduction considérable. L'effet perd en partie son individualité. Chaque mouvement voulu, chaque pensée cherchée, semble alors le prolongement, et comme une émanation de l'effort interne. L'idée de succession régulière commence à s'effacer; celle de cause libre, maîtresse absolue de son action, trouve en quelque sorte le terrain préparé.

3º Les alternatives de faveur et de défaveur accordées aux idées de liberté et de nécessité s'expliquent aussi par le même principe. On se rappelle sans doute qu'elles suivent une évolution curieuse. Dans une première période, l'idée de constance absolue règne seule. Bientôt elle est remplacée presque partout par l'idée contraire de causalité libre. Enfin, dans une dernière période, une lutte s'établit entre ces deux idées adverses, et le concept d'activité uniforme reprend peu à peu l'avantage. Ce sont là autant de faits précis dont nous avons à rendre compte.

La première période n'offre pour nous rien d'extraordinaire. C'est précisément parce qu'il existe des antécédents constants, permettant de prédire ou de produire des phénomènes, que les premières causes sont remarquées et retenues.

Mais pourquoi imaginer des causes libres, pourquoi en mettre partout? On aura peut-être une réponse satisfaisante à la première question si l'on remarque que la liberté pour le primitif n'est pas autre chose que l'absence de détermination externe ou interne, la spontanéité pure. Est libre tout ce qui se meut soi-même sans motif connu, autant dire sans cause. Le problème revient donc à celui-ci : pourquoi le primitif n'assigne-t-il pas de cause à son propre vouloir ? La raison est assez simple : c'est qu'il n'a aucun intérêt à le faire. Il n'a nullement besoin pour agir de faire une telle supposition. Ce serait, au contraire, limiter son pouvoir, compromettre son indépendance ; tout esclavage lui répugne, il aime à s'abandonner à ses penchants, à suivre en tout sa fantaisie. C'est pour lui un droit, une sorte de privilège. Aussi, content de son sort, se gardera-t-il, tant que rien ne l'y poussera, d'assigner à ses actes une cause déterminante. Mais viennent des circonstances telles qu'il lui soit avantageux de ne plus être libre, le primitif aura tôt fait de trouver une cause qui supprime en lui toute liberté d'agir. Veut-il rendre sacré un texte de loi ou une prédiction, il commence par affirmer et souvent finit par croire qu'une divinité l'inspire. S'il a commis un crime, il en rend responsable la Fatalité ou la Némésis aux ordres desquelles on ne saurait se soustraire. Ici encore ce n'est pas la vérité objective, mais l'intérêt personnel qui dicte les opinions et les croyances.

Si la liberté n'est pour le primitif que l'indétermination, quel intérêt peut-il avoir à vulgariser ce genre de cause, à la mettre à peu près partout dans la nature ? Ne semble-t-il pas qu'il va ainsi à l'encontre du but qu'il se propose : prévoir et produire les phénomènes ! Sans doute, le primitif aurait tout avantage à mettre partout, sauf en lui, une nécessité rigoureuse. Mais les faits au milieu desquels il vit ne lui permettent pas de le faire. Le premier résultat de l'expérience est de détruire en nous la croyance spontanée en la constance absolue des choses. Force est donc de se rabattre sur la cause libre. Elle a des inconvénients, sans doute : l'action est moins assurée, mais elle offre cependant moins de désavantages que l'indétermination pure. En effet, l'existence d'une cause, même libre, permet en quelque façon de prévoir et d'agir. Elle pose déjà quelques restrictions au caprice absolu du devenir sans cause. Si indépendante qu'elle soit, elle a au moins des habitudes que le primitif examine avec soin et apprend vite à connaître. On peut même, par violence ou par persuasion, espérer s'en rendre maître, l'avoir à son service. Ce sont là choses utiles qui méritent de retenir l'attention et qui légitiment une extension très grande du concept de cause libre.

Seulement, tout en réalisant cette idée, l'esprit n'oublie pas qu'il existe une autre espèce de cause, permettant de prévoir et d'agir d'une façon autrement sûre. Au fond, il désire toujours la cause fatale, il est prêt à la rétablir dès qu'il le pourra. Or, une série de découvertes importantes viennent peu à peu lui permettre de le faire, en lui montrant que tout phénomène dépend, non d'un antécédent unique, comme il l'avait cru naïvement, mais d'un ensemble de conditions, les unes favorables, les autres défavorables.

A force d'observer les faits qui l'intéressent, de les surveiller, de rôder autour, le primitif remarque des êtres ou des choses dont la présence empêche le fait désiré de paraître. Ce sont, pour employer une technologie savante, autant de conditions négatives qu'il faut d'abord supprimer. Celles-ci écartées, le phénomène attendu se produit déjà d'une façon plus certaine. Cependant des exceptions regrettables subsistent toujours. Dans beaucoup de cas, l'effet ne vient pas ou vient mal. Déçu dans son espoir, le primitif fait de nouveau le guet. Ses efforts, entrepris dans un but précis, concentrés sur un point unique, l'amènent à découvrir que certains antécédents jugés suffisants sont en réalité insuffisants, qu'il est nécessaire d'employer, pour réussir, un nombre plus ou moins grand, un faisceau ou une chaîne de conditions variées. A mesure que se perfectionne la connaissance des causes, à mesure que les conditions positives et négatives se trouvent mieux déterminées, le fait attendu paraît avec une certitude et une précision croissantes. L'idée de cause constante, soutenue par le succès, regagne le terrain perdu, tandis que celle de cause libre, qui n'était qu'un pis aller, est en partie rejetée. Seulement, pour en arriver à ce résultat, jamais les facultés de connaître n'ont été livrées à elles-mêmes. Le sentiment du plus grand bien de l'individu a guidé toutes les démarches de l'esprit. C'est donc à des préoccupations utilitaires qu'il convient de rattacher, comme au premier moteur, les alternatives de succès et de revers, l'histoire entière des idées de cause libre et de cause nécessaire.

4° L'idée d'intention est encore un des éléments importants du concept de cause.

Comme pour les idées d'action et de liberté que nous venons d'étudier, on essaie d'expliquer son rôle en faisant intervenir l'observation répétée d'un fait usuel et l'association étroite qui en est la suite. On invoque parfois d'une façon plus simpliste encore une faculté spéciale désignée sous le nom d'hylozoïsme primitif. Quand on se donne la peine de descendre aux détails, on rencontre des faits que la théorie associationniste ne permet aucunement de prévoir. D'abord pourquoi généraliser, avec tant d'ardeur, le type de cause intentionnelle ? Bon nombre de nos actes, le plus grand nombre peut-être, sont accomplis sans volonté, sans prévision aucune, à la manière d'un réflexe mécanique. Puis l'idée d'intention qui est objective n'est qu'une des formes possibles de la cause intentionnelle. Le primitif suppose toujours dans les êtres qui l'entourent un sentiment altruiste de bienveillance ou de malveillance. Ils n'agissent ni pour leur propre plaisir ni pour réaliser un plan d'ensemble préconçu. Enfin, à mesure que les observations se multiplient et se précisent, la cause intentionnelle refoulée, il est vrai, gagne sans cesse en intensité ; loin de diminuer, sa personnalité augmente ; elle devrait finir par disparaître, puisque l'idée de cause aveugle a pour elle l'appui d'une connaissance toujours plus parfaite de la nature.

Tout s'explique au contraire, et fort bien, si l'on admet que l'être humain est guidé dans le choix de ses concepts par un sentiment de sécurité personnelle. De tous les motifs d'action qui s'agitent en son âme et qu'il perçoit confusément, le primitif n'en remarque et n'en extériorise que deux : la bienveillance et la malveillance. Ces deux sentiments l'intéressent particulièrement dans son commerce avec les autres êtres. Presque uniquement tourné vers le monde extérieur d'où procèdent et tout son bonheur et toutes ses peines, il ne réfléchit sur lui-même que dans la mesure nécessaire pour comprendre l'action d'autrui. Sa psychologie est, pourrait-on dire, objective avant d'être subjective. Or, la bienveillance et la malveillance sont les deux sentiments qui, habituellement, orientent dans sa direction l'activité de l'entourage. Ils ne sauraient donc échapper à la clairvoyance du primitif; ils doivent prendre dans sa pensée une place considérable. Une fois clairement conçue, l'idée de cause intentionnelle est étendue au dehors comme l'idée de cause libre et pour les mêmes raisons.

Enfin, chose qui nous a paru étrange, l'idée de cause intentionnelle, quoique contredite par l'expérience, devient toujours plus vivace. A quoi ce fait peut-il tenir?

Il ne semble pas que nous ayons le droit d'invoquer ici un raisonnement dans le genre de l'argument fameux des causes finales. L'harmonie vraie ou supposée de la nature, fait sur lequel repose cette preuve, n'a pas encore vivement touché le primitif. La perception de l'ordre du monde, même imparfaite, suppose déjà l'activité désintéressée de l'esprit, elle suit l'apparition des premiers besoins scientifiques. On sait combien le démiurge ordonnateur est apparu tard dans la philosophie grecque. Pour expliquer les phénomènes tels que les ignorants les constatent, une cause aveugle et à demi capricieuse, comme le destin, est très suffisante.

Si ce n'est pas le besoin de comprendre, c'est donc le besoin d'agir qui nous invite à maintenir quand même l'idée de cause intentionnelle. L'existence au sein des choses d'une activité de ce genre est la seule hypothèse qui nous laisse, dans la plupart des cas, quelque espoir de modifier, dans le sens de nos désirs, le cours des événements. Ignorant de presque toutes les lois naturelles, l'homme inculte est le jouet d'éléments implacables ; une foule de désastres, inondations, cyclones, disettes, maladies, tombent sur lui à l'improviste. Contre des ennemis invisibles ou contre des forces déchaînées que peut-il faire? Il n'est pas jusqu'à ses semblables qui ne se liguent pour l'opprimer, pour en faire un esclave et le forcer au travail. Seul en face d'une nature aveugle et des puissants de la terre, l'homme est faible et il en a conscience. Il n'en va pas absolument de même s'il existe quelque part des causes intentionnelles.

Celles-là, il le sait, peuvent entendre ses prières et lui devenir secourables. Il s'imagine même qu'il lui sera possible par des rites magiques ou des incantations de les mettre à son service. Il devient fort alors de toute la puissance des causes qu'il prétend conquérir. Voici des avantages précieux, et précisément parce qu'il n'entend pas y renoncer, le primitif s'obstine à rétablir la cause intentionnelle dans un monde invisible, chaque fois qu'il lui devient impossible de la maintenir dans le monde de la matière. Comment expliquer autrement le sentiment de tristesse inspiré aux âmes croyantes par les doctrines matérialistes et leur peu de succès près des foules ? Elles rendent les cieux mornes et sourds, elles privent l'humanité d'un appui précieux. Par contre, lorsque l'homme se sent fort, à l'abri des coups du destin, à mesure que la science, avec des lois aveugles, lui procure en partie les avantages attendus des causes intentionnelles, il s'en préoccupe de moins en moins ; il est tenté de leur refuser l'existence, ou du moins de les exiler très loin, dans un au-delà où sa pensée s'abstient de pénétrer.

Ainsi l'explication empiriste par simple observation du réel et répétition fréquente est très imparfaite. L'activité intentionnelle, constatée en nous-mêmes, est étendue au dehors pour des motifs que l'on retrouve. Elle est supposée et maintenue dans la nature, en raison des avantages pratiques qu'elle assure.

5° Tout antécédent cause, avons-nous dit encore, devient vite une substance, et même une substance matérielle, c'est-à-dire étendue et résistante.

Bien que le commun des hommes ne voie là aucune difficulté, ce fait, très important, est de nature à surprendre. Il convient d'expliquer en particulier la fortune considérable de la sensation de résistance, sensation assez obscure et qui ne semble pas mériter les honneurs extraordinaires qu'elle reçoit. Elle possède une puissance remarquable ; elle est à la fois plus dangereuse et plus utile que toutes les autres. Le froid et la chaleur sont rarement assez intenses pour mettre la vie en danger ; la saveur et l'odeur sont liées seulement aux besoins tout spéciaux de la nutrition. La couleur elle-même n'importe pas outre mesure : les aveugles s'en passent ; elle est pour nous, il est vrai, un signe extrêmement commode, un substitut de tous les autres sensibles, mais elle n'est liée directement à aucun besoin vital. — La dureté, au contraire, intéresse directement et l'intégrité corporelle et notre action sur les choses. Un objet solide peut heurter, blesser, écraser, percer, il met à tout moment le corps en danger. De plus il est facile à saisir, il se laisse manier sans déformation, il occupe indéfiniment la place où on l'a mis, il permet d'atteindre à distance, il décuple les forces de l'homme, devient une arme ou un outil. Les substances molles, filantes, liquides, vaporeuses, se laissent difficilement saisir : on n'en peut rien faire. Or, le grand privilège des causes n'est pas seulement de permettre la prévision, c'est aussi de faciliter l'action, de donner à l'homme le pouvoir de faire apparaître l'événement désiré, de réduire à néant l'événement détesté. Ces avantages existent seulement si la cause est en même temps un objet étendu et solide, si elle est matérielle.

Ce raisonnement s'applique même aux causes internes. Pour expliquer la transformation qu'elles subissent, on invoque habituellement l'influence du langage. Les mots, dit-on, expriment, pour la plupart, des substances étendues et résistantes ; par une extension abusive on applique la même qualité à tout ce qui est exprimé par un nom. Il y a mieux à dire. Lorsque le primitif veut se servir des causes mises en son pouvoir, il les combine d'abord dans sa pensée, il fait son plan. Or penser c'est construire ; c'est faire en imagination ce que l'on fait en réalité ; rapprocher ou écarter d'un autre un objet influent. Seulement, abandonnées à leur état réel d'immatérialité, mobiles et fugaces, les causes internes se laissent difficilement saisir, même par la pensée ; elles glissent, pour ainsi dire, entre les doigts. De là viendrait, croyons-nous, la nécessité de leur donner une certaine consistance, de doubler, en quelque sorte, la sensation trop mince et trop fragile de tension, ou encore l'idée d'âme d'un *substratum* plus résistant. Alors la cause interne est devenue maniable, et l'esprit peut la déplacer comme les mains font les choses.

Ce n'est donc, là encore, ni par suite d'une observation brutale de la réalité, ni en vertu d'une suggestion aveugle, que l'antécédent cause est mis à part et matérialisé. Cette façon toute particulière de se représenter les causes offre des avantages pratiques incontestables. Pour qui s'est rendu compte des préoccupations exclusivement utilitaires des êtres qui nous intéressent, ce motif est suffisant, il devient inutile d'en chercher quelque autre.

6° Enfin les primitifs se préoccupent encore du rapport spatial qui peut exister entre la cause et l'effet. La cause leur semble agir tantôt au contact, tantôt par une opération interne, tantôt à distance.

La préférence accordée d'abord au mode d'activité au contact se comprend sans peine. Les états qui intéressent le plus l'individu, ceux qui contribuent surtout à son bien-être physique ou mettent le plus la vie en péril sont le résultat d'actions de ce genre. Que l'on se rappelle tout ce qui vient d'être dit à propos de la prédominance de la qualité de résistance. Seuls la pression ou le choc nous donnent empire sur les choses d'une façon assurée et précise. On aurait donc le droit de se demander plutôt pourquoi se développent à côté de celle-ci des conceptions différentes.

Pour ce qui est de l'activité interne, de la supposition d'une cause logée dans un corps et le mouvant par le dedans, il convient de se rappeler également les passages relatifs au sentiment de tension musculaire ou mental. Nous avons indiqué pour quels motifs le sentiment de l'effort avait été remarqué, érigé en substance et assigné comme cause aux mouvements spontanés.

Il reste à montrer comment l'idée d'activité à distance a pu naître et se développer. Cette idée est d'abord, comme toutes les autres, suggérée par l'observation intéressée de quelque fait naturel. Certains cas d'action à distance s'offrent d'eux-mêmes à l'attention du primitif. C'est ainsi, semble-t-il, que le feu chauffe, que le soleil éclaire. La présence d'une personne aimée dilate la poitrine, l'approche d'un être redouté produit un sentiment de gêne physique. Seulement les causes de cette catégorie sont peu nombreuses, partant moins fréquemment utiles que les autres; elles risquent de rester très effacées. Pour donner à ce mode d'activité une importance qu'il ne possède pas habituellement, il suffira de l'intervention de deux sentiments puissants et profondément utilitaires, le *désir* et la *crainte*.

Examinons ce qui se passe lorsque les hommes endurent une peine cuisante : une maladie incurable, par exemple. On commence par recourir à l'action au contact, mode d'action mieux éprouvé et plus sûr. Par tous pays on applique des onguents, on frotte la partie malade. Ces procédés convaincus d'impuissance, on a recours aux causes internes. Non seulement on fait absorber des remèdes, mais on s'efforce par divers procédés magiques de ranimer l'âme affaiblie. Chez les nègres du Congo le sorcier médecin chasse du corps malade les esprits mauvais qui le tourmentent, il y fait pénétrer des démons bienfaisants. Si la guérison tarde encore, on se rappellera qu'il existe une troisième sorte de cause, la cause à distance. On invoque alors quelque divinité puissante et miséricordieuse, capable de commander à la nature, de loin et par un seul acte de volonté. On lui adresse des prières, on lui promet des présents, on la visite en pèlerinage. L'histoire nous apprend qu'il en est toujours ainsi, dans les malheurs privés ou publics : peste, famine, invasion, siège de ville, etc. L'idée de cause à distance, auparavant sommeillante, se réveille aussitôt et s'impose avec énergie à la conscience humaine.

Née sous l'influence d'un désir violent, cette idée est maintenue par la peur. On sait combien le sentiment de la peur est fort pour établir toute espèce de croyance. La cause lointaine et mystérieuse en qui on a eu confiance, qui nous a peut-être exaucés, se vengera, croit-on, si, le danger passé, on vient à l'oublier ou à douter de sa puissance. Cette crainte suffit pour empêcher tout examen sérieux, elle paralyse l'esprit critique. On refuse d'écouter les contradicteurs, on va même jusqu'à leur imposer silence. Les Juifs du 1er siècle lapidaient les blasphémateurs dans la crainte que le ciel, si Jéhovah n'était vengé, ne les punît eux-mêmes. Aujourd'hui encore, certains paysans n'osent pas mettre en doute la puissance des sorciers par peur d'éprouver leur colère.

En somme, les divers modes d'activité — au contact, interne ou à distance — offrent tous des avantages pratiques. L'idée de cause à distance en particulier, bien qu'elle ne soit, comme celles de cause libre et de cause intentionnelle, qu'un pis aller, peut rendre de grands services. C'est pour cela que, les autres venant à manquer, elle prend un développement si considérable.

Nous avons donc passé en revue les principaux éléments du concept de cause efficiente. On voit sans doute à quel point sont insuffisantes les théories qui prétendent expliquer ce concept par l'activité purement mécanique de l'esprit. Le principe de la primauté des états utiles une fois admis, on peut, sans recourir à aucune correction ultérieure, rendre intelligible l'histoire entière du concept de cause. Les éléments retenus sont tous utiles à des degrés divers ; ceux qui présentent une utilité majeure deviennent prépondérants ; ils tendent à disparaître lorsqu'ils ne rendent plus aucun service. Entre la loi présumée et les faits qu'il s'agit d'expliquer existe un parallélisme constant, exclusif de toute croyance à une coïncidence fortuite. Si la même hypothèse expliquait également l'extension énorme prise par l'idée de cause, par ce que l'on appelle communément « le principe de causalité », nous croirions avoir répondu à toutes les objections que l'on peut nous adresser. Cette difficulté nouvelle sera examinée dans la seconde partie.

DEUXIÈME PARTIE

LE PRINCIPE DE CAUSALITÉ

Tant que l'esprit se borne à construire des concepts de cause, il ne s'éloigne jamais beaucoup de la réalité vécue. Les éléments, groupés et ordonnés suivant des plans différents, sont tous, à l'origine, des faits constatés. Il n'en va plus de même lorsque l'idée de cause est généralisée : l'esprit s'élance alors bien au-delà des limites de l'expérience individuelle ou collective, il affirme l'existence de causes qui n'ont pas été perçues. Malgré les démentis infligés à maintes reprises par une nature en apparence capricieuse, il persiste dans son attitude première; on dirait qu'il tient, par une sorte de parti pris, à n'en pas changer. A propos de ce fait étrange se posent des problèmes difficiles à résoudre qui ont, depuis de longs siècles, exercé la sagacité des philosophes. Il s'agit seulement ici de rechercher les lois psychologiques en vertu desquelles s'opère cette extension énorme et en apparence illégitime du concept de cause.

Nous procéderons comme au livre précédent. En premier lieu nous exposerons des faits. Les descriptions officielles ont, à notre avis, une simplicité et une rigueur factices, elles nous inspirent de la défiance. Le travail de mise au point achevé, nous essaierons de montrer dans la tendance à universaliser les causes une conséquence toute naturelle des besoins de la vie pratique.

CHAPITRE PREMIER

LES CARACTÈRES DU PRINCIPE DE CAUSALITÉ

Le principe de causalité, dit-on couramment, se distingue de l'immense majorité des autres jugements par trois caractères en quelque sorte essentiels. En premier lieu, il est universel ; le rapport établi entre l'idée d'existence ou de commencement et celle de cause n'admet pas d'exception : « Tout phénomène a une cause. » — Il est, de plus, nécessaire. La relation de phénomène à une cause est une vérité dont le contraire semble impossible. — Enfin il est précoce, on va même jusqu'à dire inné.

Si le principe de cause n'était qu'une définition précise, placée au début de toutes les sciences, comme sont les postulats énoncés aux premières pages d'un livre de mécanique, il n'y aurait pas lieu de discuter à cette place ces affirmations. — Mais on prétend l'imposer au nom de l'expérience. — Or, pour peu que l'on étudie des hommes et non des livres, on s'aperçoit que ce fameux principe n'existe pas chez les primitifs, avec tous les caractères que l'on s'accorde habituellement à lui donner.

§ I. — *Précocité*.

Évidemment la tendance à supposer des causes est précoce. Elle se manifeste à plein, chez le jeune enfant de nos pays, entre quatre et six ans. Il se montre alors extrêmement curieux de l'origine des choses. D'où viennent-elles ? Qui les a faites ? sont des questions qu'il pose à tout propos. Il nous fatigue même avec ses incessants « pourquoi ». — Si, dociles à ses désirs, nous lui expliquons la production des objets qui l'intéressent, il devient attentif et manifeste un réel plaisir. Si nous déclarons, au contraire, qu'il n'y a pas de cause, que la chose « est parce qu'elle est », il a peine à comprendre ce genre de réponse et ne nous croit qu'à demi.

Mais nous nous sommes placés entre quatre et six ans. C'est très tard si l'on tient compte de la rapidité avec laquelle évoluent les facultés humaines. Qu'arrive-t-il dans les années précédentes ? A mesure que l'on remonte vers les premiers mois de la vie, les cas où la cause est supposée avant d'être perçue se font de plus en plus rares. Pérez rapporte comme un exemple de précocité le mot d'un enfant de deux ans et demi disant à la vue d'un monsieur à la démarche étrange : « Pourquoi il marche comme ça, ce monsieur, maman (1) ? » Preyer (2) croit utile de noter qu'au trois cent soixante-troisième jour, son fils, entendant le bruit connu du charbon versé dans un poêle, « regarda de suite dans la direction d'où venait le bruit et, n'apercevant rien, tourna la tête de près de

---

(1) Pérez : *Les trois premières années de l'enfant*. Paris, p. 327.
(2) Preyer : *L'Ame de l'enfant*. Paris, 1887, p. 72.

180 degrés et regarda d'un air interrogateur un premier poêle qui avait déjà été rempli ». Avant la première année, on ne trouve plus rien de certain. L'enfant, comme nous le verrons, n'a pas l'air, le moins du monde, de supposer des causes aux faits nouveaux qu'il découvre.

En somme, il s'en faut que la croyance à la généralité des causes soit le résultat d'une sorte de révélation soudaine ; elle n'apparaît pas comme un éclair qui perce un nuage obscur. Elle évolue, au contraire, d'une façon plutôt lente, puisqu'elle met en moyenne cinq ans à s'établir. Est-ce un instinct héréditaire qui devient conscient ou une habitude personnelle qui se forme? Nous n'avons pas, pour le moment, à discuter ces théories ; notons seulement que les faits acceptent également bien l'une et l'autre interprétation.

§ II. — *Universalité.*

Le principe de cause est-il, en outre, rigoureusement universel? En d'autres termes, abandonné à lui-même, l'homme ignorant appliquera-t-il en toute occasion l'idée de cause, ou supposera-t-il, au contraire, qu'il existe des commencements absolus? Formulera-t-il son principe : « Tout a une cause », ou bien, seulement : « Beaucoup de faits ont une cause » ? Cette difficulté, objet, à maintes reprises, de discussions fameuses, demande à être étudiée avec soin.

Presque tous les philosophes en vue, quelles que soient par ailleurs leurs tendances, affirment, ou tout au moins, concèdent l'universalité absolue du principe. Il est inutile de parler longuement des innéistes. Descartes, Leibnitz, Kant, les rationalistes de toutes les époques, admettent que la tendance à généraliser l'idée de cause ne souffre pas d'exception. Tous ils accepteraient, en faisant tout au plus quelque restriction de détail, cette déclaration très nette d'un disciple de Kant : « La tendance à généraliser, sous le nom de cause et effet, certains rapports de succession se montre chez tous les esprits et à tous les âges. On ne peut pas dire qu'elle *s'acquiert* et se *développe* graduellement. Elle apparaît avec toute sa force au premier éveil et dans les premières manifestations de l'intelligence de l'enfant. Ce *jugement de causalité*, avec *la prévision et la croyance qu'il implique, est dès lors universel* (1). »

Il est plus intéressant de s'enquérir de l'opinion des philosophes empiristes, intéressés, comme chacun sait, à nier l'universalité absolue du concept. Locke, en particulier, est, à ce point de vue, curieux à étudier. Il commence par déclarer très haut « que les propositions qu'on veut faire passer pour innées... ne sont pas universellement reçues ». — « Je vous prie, quelles maximes générales, quels principes universels découvre-t-on dans l'esprit des enfants, des imbéciles, des sauvages et des gens grossiers et sans lettres ? On n'en voit aucune trace. Leurs idées sont en petit nombre et fort bornées ; et c'est uniquement à l'occasion des objets qui leur sont le plus connus, et qui font de plus fréquentes et de plus fortes impressions sur leurs sens, que ces idées leur viennent dans l'esprit (2). » Voilà qui est fort clair. La

---

(1) PILLON : *Traduction du Traité de la nature humaine*. Paris, p. XXXIX.
(2) LOCKE : *Essai sur l'entendement humain*, traduction COSTE, l. I, § 27.

suite des développements donnés à cette thèse n'est pas sans causer quelque déception. L'auteur cite seulement les principes d'identité et de contradiction. Au livre IIe, il déclare que la relation de cause et d'effet « est de la plus vaste étendue et à laquelle toutes les choses qui existent, ou peuvent exister, ont part (1) ». Enfin, au livre IVe, à propos de l'existence de Dieu, dont « l'évidence égale... celle des démonstrations mathématiques », le principe de causalité est affirmé, cette fois, sous forme de proposition rigoureusement universelle. « Et, par conséquent, si nous savons que quelqu'être réel existe, et que le non-être ne saurait produire aucun être, il est d'une évidence mathématique que quelque chose a existé de toute éternité, a un commencement, et que *tout ce qui a un commencement doit avoir été produit par quelque autre chose.* » C'est là « une connaissance de simple vue, la vérité la plus aisée à découvrir par la raison (2) ». Leibnitz lui-même ne pouvait pas mieux dire.

Le chef du positivisme français, Auguste Comte, ne songe pas non plus à contester l'universalité absolue du concept de cause. Chacun des « trois états » qu'il se plaît à décrire suppose cette croyance solidement établie. « Dans l'état théologique l'esprit humain se représente les phénomènes comme *produits* par l'action directe et continue d'agents surnaturels plus ou moins nombreux, dont l'intervention arbitraire explique *toutes* les anomalies apparentes de l'univers (3). » L'état métaphysique

---

(1) LOCKE : *Ibid.*, l. II, c. xxv, § 2.
(2) LOCKE : *Ibid.*, l. IV, c. x, § 3, p. 108.
(3) Aug. COMTE : *Cours de philosophie positive*, édition D. LAFFITE, ch. I.

est une explication qui s'applique à *tous les phénomènes observés,* et « l'avide empressement avec lequel les conceptions positivistes sont accueillies » est une preuve que « l'intime sentiment de nos vrais appétits cérébraux » n'a jamais été corrompu (1).

Quant à Herbert Spencer, il a été frappé, nul ne peut l'ignorer, de l'extension énorme, prise, dès le bas âge, par le concept de cause. Il s'est cru obligé de supposer une tendance héréditaire assez comparable aux instincts de raison prônés par les innéistes.

Enfin, M. Ribot lui-même, dans un ouvrage dont le titre : *L'Évolution des idées générales,* indique bien la tendance empiriste, croit devoir accorder que si la croyance au déterminisme universel est une « conquête de l'esprit », l'idée que « tout phénomène suppose une cause » se présente naturellement dès le premier éveil de l'intelligence.

En définitive, nous n'avons guère rencontré au cours de nos lectures que trois philosophes modernes qui aient protesté contre l'universalité attribuée trop facilement au principe de cause : Hume, Stuart Mill et Littré. Hume est le plus affirmatif. Dans le *Traité de la nature humaine,* il s'attache à démontrer que l'impossibilité de concevoir un commencement d'existence indépendant de toute cause productive n'existe pas. « Un paysan, si une horloge vient à s'arrêter, n'a pas de meilleure raison à donner du fait, que de dire qu'elle n'a pas coutume d'aller bien (2). » Mill est convaincu que « si un homme habitué à l'abstraction et à l'analyse exerçait loyalement ses facultés à cet effet, il ne trouverait point

---

(1) A. Comte : *Cours de Philosophie positive,* vol. VI, p. 629.
(2) Hume : *Traité de la Nature humaine,* traduction Renouvier et Pillon, p. 176.

de difficulté, *quand son imagination aurait pris le pli,* à concevoir qu'en certains endroits, par exemple dans un firmament dont l'astronomie sidérale compose à présent l'univers, les événements puissent se succéder au hasard, sans aucune loi fixe (1). » On remarquera que Stuart Mill parle ici d'un homme habitué à l'analyse et qu'il semble accorder que l'imagination d'un homme du peuple ne saurait prendre un tel pli. Littré est à la fois plus audacieux et plus timide. Il proteste contre la valeur objective du principe de cause : « Au fond qu'en savons-nous ? » Mais il avoue en termes exprès : « Nous ne pouvons concevoir que rien ne vienne de rien (2). »

Ainsi les quelques protestations que nous avons pu relever sont fort modestes et ne dépassent guère les limites d'un doute prudent. Les philosophes de l'école empiriste semblent tout disposés à passer condamnation sur le fait en litige. Ils s'en tiennent volontiers aux déclarations de leurs adversaires qui acceptent l'universalité absolue du concept de cause.

Malgré ces témoignages imposants, nous persistons à croire que, chez les primitifs, l'idée de cause n'acquiert jamais une extension rigoureusement universelle. La tendance à croire aux causes, absolument nulle au début de la vie, puis, pendant quelques années, très faible et comme hésitante, se développe rapidement dans l'individu et s'accroît avec l'affinement de la race. Toutefois, même aux époques de haute culture littéraire, il reste toujours

---

(1) Stuart Mill : *Logique*, traduction Peisse, I, p. 348.
(2) Littré : *Débats*, 6 février 1866.

des choses, en assez grand nombre, auxquelles ne s'applique pas le concept de cause.

Il n'est pas nécessaire d'être un observateur extrêmement perspicace pour découvrir, à l'aube de la vie mentale, une période pendant laquelle l'esprit semble entièrement captivé par les sensations présentes. Pendant les cinq ou six premiers mois, devant les yeux grands ouverts de l'enfant, flottent des images colorées et mobiles dont la contemplation l'absorbe tout entier. Il palpe des objets, les examine parfois avec curiosité, sans avoir l'air de se poser à leur sujet la question d'origine. Chacun peut encore retrouver en soi-même des états semblables. Ainsi, aux approches du sommeil, ou encore aux heures de défaillance ou de grande rêverie, il arrive que les choses se réduisent pour nous à des apparences vaines, à des groupes mal liés de sensations incohérentes. A demi passifs, nous regardons ces images, sans penser à autre chose. La statue animée de Condillac était, à un moment donné, tout entière odeur de rose ; nous sommes également, à certaines heures, tout entiers les sensations qui se produisent en nous. L'idée que ces phénomènes réclament une cause ne se fait pas jour, ils restent devant nos yeux comme autant d'absolus.

Cette opinion d'ailleurs n'est pas aussi nouvelle qu'elle semble l'être. Déjà Herbart avait dit que l'esprit commence nécessairement par « considérer les choses comme existant en soi, par les poser absolument (1) ». — Dans un ouvrage récent, M. Gérard Varet donnait à la même thèse de longs développe-

---

(1) Cf. M. Mauxion : *La Métaphysique de Herbart*. Paris, 1896, c. IV, p. 56.

ments. Il montrait que l'idée d'absolu est primitive ; que l'idée de phénomène causé, au contraire, est un produit ultérieur du développement mental ; que l'esprit, « par son docile accueil aux représentations, les érige toutes indistinctement en causes premières qui sont autant d'explications suffisantes auxquelles il s'arrête (1) ». Alors pourquoi ne pas aller jusqu'aux dernières conséquences et dire qu'à un moment donné l'esprit, capable d'éprouver des sensations, ne possède pas encore le principe de cause ?

L'état d'absolue position attribuée à l'origine à tous les phénomènes sans exception persiste, pour un assez grand nombre, longtemps encore. L'enfant de deux à trois ans s'imagine naïvement qu'il a toujours existé. Le mot « naître » signifie seulement pour lui « changer de résidence ». Jusqu'aux approches de la dixième année, il croira, si on ne vient à l'instruire, avoir été apporté d'ailleurs dans la demeure de ses parents. Comme les enfants, les sauvages nomment un grand nombre de substances qui, s'il faut les en croire, n'ont jamais eu d'ancêtres et ont produit toutes les autres. Les Africains, rapporte Spencer, nient avoir aucune obligation envers la divinité, en disant que « c'est la Terre et non Dieu qui leur a donné l'or... qui leur fournit le maïs et le riz (2) ». — Non seulement la terre, mais tous les êtres de la nature puissants et durables sont considérés comme éternels. Tel est le cas du soleil, de la lune, des étoiles, de la mer et du vent. Il n'est pas jusqu'aux arbres les plus vénérables des forêts qui

---

(1) G. VARET : *L'Ignorance et l'irréflexion primitive.* Paris, p. 229.
(2) H. SPENCER : *Principes de Sociologie*, traduction CAZELLE, I, p. 153.

ne jouissent de ce privilège. L'idée d'une multitude d'êtres sans commencement n'a rien qui répugne à la pensée des primitifs.

On objectera sans doute que le principe de cause ne s'applique pas à des êtres supposés éternels et qu'il concerne seulement ceux dont l'existence a commencé. Même ramenée à ces proportions restreintes, l'universalité du concept reste compromise. Le primitif ne fait pas difficulté d'admettre des phénomènes sans cause.

Pour l'enfant en bas âge, le nombre en est considérable. Tous les mouvements qu'il fait, tous ceux des personnes auxquels il n'assigne pas un motif d'amour ou de haine, sont de cette espèce. Lorsque l'idée d'activité interne s'est développée, les actions corporelles sont rapportées, il est vrai, à une cause, mais la présence du sentiment bon ou mauvais qui suscite et dirige l'action est un fait posé sans commentaires et sans explications, un véritable commencement absolu. D'ailleurs, tous les peuples de la terre ont cru à la génération spontanée. « Encore de notre temps, et d'après les Cafres, tout s'est fait de soi-même; arbres et herbes poussent par leur propre volonté. Plus anciennement, en Chaldée, Bérose raconte qu'avant les espèces actuelles et l'humanité, il y avait eu au sein de l'eau et des ténèbres production spontanée d'animaux monstrueux, hommes à deux faces, à deux ou quatre ailes, hommes-femmes, hommes avec jambes et cornes de chèvres, taureaux à tête humaine, chiens à quatre corps avec queue de poisson, bref des êtres où toutes les formes animales étaient confondues. En Grèce, Platon oppose aux doctrines des philosophes plus nouvelles et plus rares l'opinion du vulgaire plus vieille et plus commune... « C'est la nature qui engendre tout cela, par une cause spontanée et sans pensée (1). »

Non seulement les ignorants, mais les raffinés de tous pays, conservent souvent au fond de l'âme une parcelle de ces vieilles croyances. On sait le rôle énorme joué chez les anciens par l'idée de Tychè ou de Fortuna (2). Démosthènes explique souvent par un coup de hasard imprévisible les événements qui déjouent les calculs humains les mieux établis. Polybe lui-même, l'historien philosophe, se croit obligé de donner à la Fortune une part importante dans le gouvernement du monde. Combien de nos contemporains n'expliquent pas autrement ce qu'ils appellent la chance ou la déveine ! Une enquête établie nous a montré que dans les classes instruites, chez des hommes exerçant des carrières dites libérales, l'idée du fait sans cause est beaucoup plus répandue que l'on ne pense. Volontiers l'on s'imagine encore que les phénomènes atmosphériques, les vents, la pluie, les orages, n'obéissent à aucune loi. Certains détails sans importance pratique, les variations que présentent, d'un sujet à l'autre, les productions de la nature, les nuances de courbure d'une feuille, la craquelure d'une écorce, une tache blanche sous l'ongle, une pensée qui soudain traverse l'esprit, sont autant de faits dont on constate seulement la présence, des phénomènes qu'on n'explique pas, des événements sans cause.

Ainsi les faits, observés sans parti pris, démentent les formules d'école communément reçues. Même après des siècles de culture et dans des

---

(1) Gérard Vanet : *L'Ignorance et l'irréflexion primitives*, p. 228.
(2) Allègre : *La déesse Tychè*. Paris.

milieux civilisés, on persiste à croire à des substances éternelles et à des commencements absolus. On découvre toujours des cas auxquels n'est pas appliquée la catégorie de cause. A la longue, il se forme, si l'on veut, une tendance toujours plus énergique à généraliser ce concept, mais, à parler rigoureusement, tant qu'on ne sort pas du monde des primitifs, le principe de causalité n'existe pas encore.

§ III. — *Nécessité.*

Enfin l'existence universelle des causes passe pour être une vérité nécessaire. Il est de toute évidence que l'esprit se sent parfois rigoureusement obligé de supposer des causes avant de les avoir expérimentées. Cette croyance s'impose avec force, indépendamment de tout désir et de tout vouloir. Seulement il existe pour la pensée plus d'un genre de contrainte. Il convient donc de préciser la nature du sentiment intellectuel qui intervient ici.

Suivant une opinion communément reçue depuis Kant, la croyance en l'universalité des causes résulte d'un jugement synthétique *a priori :* elle s'établit immédiatement, sans aucun jugement préalable. Les éclectiques acceptent cette manière de voir. Le principe de cause est pour eux une révélation immédiate de la Raison. Selon V. Cousin, nos sens perçoivent des qualités, et, à cette occasion, la Raison conçoit aussitôt et spontanément la nécessité d'une cause. Les empiristes se rapprochent singulièrement de cette opinion. Le jugement de causalité est, disent-ils, la conséquence d'une suggestion, d'une association étroite. Pour les uns comme pour les autres, *a priori* ou bien *a posteriori,* le jugement synthétique s'impose irrationnel et brutal.

Il est une autre manière de comprendre le lien causal. C'est de faire de la croyance aux causes la conclusion d'un syllogisme. On peut supposer qu'il intervient entre la constatation initiale et la croyance consécutive tout un complexus de jugements à demi conscients. Cette doctrine était courante au moyen âge ; elle fut reprise par Leibnitz qui expliquait, par une suite d'opérations discursives restées confuses, le sentiment de bien-être et de sécurité qui accompagne habituellement l'affirmation des causes.

De ces deux opinions, laquelle convient-il de retenir ? On nous permettra de faire une distinction. Si on se contente d'observer des esprits disciplinés, soumis depuis longtemps à des habitudes de rigueur logique, ou simplement familiarisés avec les lois de la nature, seule la première interprétation semblera légitime. Dans cette catégorie de « sujets », le principe de cause ou quelque chose de semblable, dûment élaboré, opère avec la spontanéité d'un réflexe, avec la précision d'un levier qui déclanche. A chaque occasion nouvelle, la cause est affirmée, immédiatement, avant tout examen, sans raisonnement intermédiaire, comme on applique une formule.

Mais un mécanisme aussi rapide et aussi sûr est le résultat d'habitudes spéciales tardivement acquises. Tout à l'origine, le sentiment de nécessité causale est plus complexe ; il ne diffère pas, croyons-nous, de celui qui se manifeste au terme de toute déduction bien conduite : c'est un véritable sentiment de nécessité logique.

Pour nous en convaincre, faisons une expérience

dans le genre de la suivante. Considérons un phénomène rare, éloigné de nous, d'une importance pratique nulle : par exemple, une étoile, située au-delà de Sirius et dont la lumière, soudain, augmente ou diminue. Ce fait exige-t-il une cause ou bien ne serait-il pas rigoureusement spontané ? Avant de répondre, efforçons-nous de renoncer à nos habitudes de savants, supposons pour quelques instants que nous ne savons rien des lois de la nature, et, revenus à notre ignorance primitive, mettons-nous seuls en face du phénomène qui nous intéresse. Ce sentiment de nécessité causale va se trouver modifié d'une façon appréciable. L'affirmation d'une cause n'est plus aussi rapide, elle tarde à paraître. Entre les deux hypothèses possibles, on doute, on hésite. On est obligé d'évoquer dans sa mémoire des cas semblables au fait constaté ; on se demande si déjà on a, oui ou non, trouvé des causes. On pèse les raisons pour et contre, et ce n'est pas sans être plusieurs fois abandonnée et reprise que l'idée de cause, d'abord suggérée comme une simple hypothèse, franchit les degrés de la probabilité et finit par devenir une croyance étayée et solide. La certitude que le phénomène proposé a une cause est donc bien établie, comme toutes les autres, à la suite de comparaisons et de jugements préalables. Nous avons choisi à dessein un fait à propos duquel il est relativement facile d'échapper à l'empire de nos habitudes mentales actuelles. Avec un peu d'effort, il devient également possible, à propos d'événements familiers et situés près de nous, d'écarter le réseau des formules apprises. Nous pouvons retrouver en nous-mêmes l'hésitation du primitif en face des faits les plus simples, entrevoir le travail à demi conscient qui s'opère, sentir le fourmillement des idées qui vont et viennent, s'unissent et se séparent, et, par une série de poussées successives, conduisent l'esprit, d'abord inerte, vers l'affirmation définitive de la causalité.

Ainsi, quand on s'efforce de pénétrer jusqu'aux états profonds, jusqu'aux données primitives de la conscience, on trouve que l'idée de cause ne s'impose plus à la conscience, immédiatement, d'un seul coup sec et fort, comme se grave une médaille. Notre croyance aux causes apparaît la résultante d'un grand nombre de jugements et de raisonnements vite ébauchés, faiblement sentis. Plus tard, par suite de l'habitude, ces opérations intermédiaires cessent d'être indispensables. Le principe de causalité se présente alors à nous un peu comme un axiome, comparable à une vérité géométrique dont on serait certain, sans pouvoir restituer les arguments qui ont servi à l'établir. Il n'en reste pas moins vrai que notre certitude actuelle n'est pas d'une nature spéciale, mystérieuse, elle rentre dans la classe des sentiments de nécessité logique.

En résumé, l'étude que nous venons de faire nous amène aux conclusions suivantes : 1° Le mouvement qui consiste à étendre hors des limites de l'expérience le concept de cause est précoce; mais il ne commence pas avec le premier éveil des facultés mentales. L'enfant se sert de ses sens, se souvient, juge et raisonne longtemps avant de supposer des causes. 2° Vers cinq ou six ans, lorsque la tendance est établie, le nombre de faits rapportés à une cause est déjà considérable; il tend ensuite à augmenter sans cesse. Mais toujours il existera dans la pensée des primitifs des substances éternelles et des commencements absolus. 3° Enfin la cause est affirmée avant d'être perçue en vertu d'un sentiment de nécessité. Ce sentiment n'est autre, au moins à l'origine, que le sentiment bien connu de la nécessité logique. Pour établir le principe de causalité tel qu'ils le définissent, la plupart des philosophes ont donc exagéré les faits qu'ils pouvaient observer. La faute en est, comme toujours, à des préoccupations étrangères. La plupart des innéistes s'imaginaient ne pouvoir sauvegarder l'existence de la raison et, partant, la dignité de l'homme ainsi que la certitude des vérités métaphysiques, si nous ne possédions, dès le plus jeune âge, un principe rigoureusement universel et nécessaire. Les empiristes étaient disposés à faire sur ce point de larges concessions, dans l'intérêt même de la science qui leur tient surtout à cœur. C'est pourquoi les uns et les autres se sont contentés de faire des enquêtes rapides et qui, par malheur, ont porté d'une façon presque exclusive sur des adultes civilisés et instruits, sur des sujets développés, en qui ne se retrouvait plus la mentalité fruste des primitifs.

CHAPITRE II

L'ORIGINE DU PRINCIPE DE CAUSALITÉ

Tels sont les faits. Cherchons maintenant quel attrait secret amène ainsi l'esprit à présupposer des causes à presque tous les phénomènes qu'il considère. Les lois générales auxquelles nous avons eu recours pour appliquer le choix des éléments du concept de cause vont nous servir encore. La tendance primitive « vouloir vivre et vivre le mieux possible » a, selon nous, pour effet imprévu de donner naissance au principe de causalité. En d'autres termes, l'être humain met partout, ou presque, des causes dans la nature parce qu'il a besoin, pour sa sécurité personnelle et pour son bien-être, d'en trouver partout.

Nous exposerons d'abord la suite des opérations mentales qui conduisent du point de départ au point d'arrivée. Nous montrerons ensuite que notre interprétation permet de résoudre sans peine les difficultés devant lesquelles échouent les autres théories.

§ I

1° *Position du problème.*

Il va sans dire que l'homme est toute sa vie, et encore plus dans son enfance, un être sensible. Le moindre changement survenu autour de lui favorise ou contrarie un de ses besoins et lui procure, par une sorte de choc en retour, un sentiment de plaisir ou de peine. Suivant les êtres qui l'approchent, suivant les choses mises à sa portée, il lui arrive de passer du bien-être à la souffrance, du rire aux larmes, d'une joie intense à une douleur cuisante. Ces changements, antécédents immédiats de joies ou de tristesses, et qui intéressent souvent l'existence même de l'individu, l'homme a vite fait de les remarquer, et il se met aussitôt à les aimer ou à les haïr. Il veut, suivant les cas, les maintenir ou les faire disparaître, et s'ils sont passés, les produire à nouveau ou les empêcher de revenir. Il y a là une sorte d'impératif catégorique : pour être heureux, pour vivre, — et l'on ne saurait s'empêcher de le vouloir, — il faut à tout prix que certains faits soient posés, il faut que d'autres faits soient écartés.

2° *Première solution : Le commencement absolu.*

Mais alors une question intervient. Dépend-il de nous, ou de qui que ce soit, d'approcher ou d'éloigner, de tirer du néant ou d'y faire rentrer les antécédents immédiats de nos plaisirs ou de nos peines? En face de ce problème posé à chaque instant à l'intelligence humaine par l'instinct du vouloir vivre, il n'y a que deux attitudes possibles. La première consiste à croire que tous, ou presque tous les événements du monde extérieur se produisent spontanément, sans obéir à aucune cause. Tous ou presque tous seraient autant de commencements absolus. Dans cette hypothèse il faut prendre les événements comme ils viennent : les attendre, oisif, ou bien s'agiter à tout hasard. Telle est en réalité l'expectative tour à tour inquiète et morne de la bête blessée, de l'enfant abandonné dans son berceau, de l'idiot qui attend son repas. C'est l'état souvent décrit de l'homme paresseux espérant que la fortune lui viendra pendant son sommeil. L'humanité tout entière semble avoir passé par là. Aux heures de désespérance l'ignorant y retombe. Après avoir en vain essayé de découvrir les causes et de s'en rendre maître, il s'abandonne à son destin, il fait dépendre son bonheur de quelque hasard heureux, d'une sorte de coup de dé, d'une décision imprévue et imprévisible du sort.

3° *Seconde solution : Suggestion et désir de la causalité universelle.*

Mais c'est là, — est-il besoin de le dire? — une mauvaise solution donnée au problème du « bien vivre ». On ne tarde pas à s'en apercevoir. Elle n'a qu'un mérite : laisser une porte ouverte à l'espérance. Seulement viendra-t-il jamais cet événement, objet de désir ou de crainte, à quel moment ? Mystère ! L'hypothèse du premier commencement ne saurait être que provisoire; dès qu'une solution meilleure apparaîtra, elle sera délaissée. Bientôt, en effet, quelques trouvailles heureuses, la découverte de notre action toujours plus étendue sur les personnes et sur les choses, viennent fournir à l'esprit une indication nouvelle. Voyez avec quel plaisir le jeune enfant recommence un geste toujours suivi de la même sensation : froisser une feuille de papier, faire sonner une clochette, amonceler des tas de sable. Au trois cent dix-neuvième jour, nous raconte Preyer, son fils était occupé à frapper une assiette avec une cuiller : « Il arriva par hasard qu'il se mit à tenir l'assiette avec la main libre : le son aussitôt s'assourdit et cette différence le frappa. Il prit alors la cuiller de l'autre main, en frappa l'assiette, assourdit de nouveau le son et *continua ainsi. Le soir l'expérience fut recommencée* avec le même résultat (1). » Le primitif apprend ainsi de très bonne heure à connaître un grand nombre de causes, et, de jour en jour, à mesure qu'il s'en sert, il en apprécie mieux les bienfaits.

Une fois les avantages pratiques de la cause nettement remarqués, l'hypothèse de l'existence d'un antécédent constant pour tous les phénomènes qui intéressent ne doit pas tarder à naître. Si tous les faits, objets de nos désirs, avaient leur cause, que d'événements utiles deviendraient possibles ! Nous aurions à notre service cet antécédent puissant, aux ordres toujours obéis, dont la présence ou l'absence entraîne infailliblement son effet. Soit directement par notre propre force, soit indirectement par des prières ou des menaces, nous pourrions l'amener sans doute à satisfaire nos besoins, à changer, au gré de nos caprices, le cours des événements. Même difficile à dompter, capricieuse à ses heures, maîtresse de son repos, la cause aurait au moins des habitudes relativement constantes, qui nous permettraient de prévoir l'avenir en quelque façon et d'orienter dans un sens utile nos propres mouvements. Tels sont les discours que l'esprit se tient à lui-même, tout bas, sans trop s'en rendre compte, dans la pénombre de la subconscience, dans la région des faits à peine sentis. Il se pénètre, il s'imbibe pour ainsi dire de ces idées, peu à peu, comme goutte à goutte, chaque

---

(1) PREYER : *L'Ame de l'enfant.* Paris, p. 70.

fois que la connaissance d'une cause précise rend son action facile et prompte, chaque fois que l'ignorance de cette cause le condamne aux attentes vaines, aux incertitudes énervantes. Ainsi se forme, non une simple hypothèse de savant, mais un désir fort, qui va croissant, et comme un besoin de la causalité universelle.

4° *Passage du désir à la croyance.*

Du besoin de croire à la conviction solide il n'y a qu'un pas. Il est vite franchi pour trois raisons principales. D'abord en vertu de l'influence bien connue de tout désir fort sur une croyance; puis parce que l'existence supposée des causes est bientôt confirmée par des découvertes nombreuses ; enfin parce que l'idée de cause devient partie essentielle d'un système d'idées extrêmement compliqué auquel le primitif ne saurait renoncer.

Il est inutile de revenir sur les avantages pratiques que présente la croyance aux causes. Seulement il sera bon de rappeler la pression énorme exercée en faveur de toute croyance positive ou négative par un désir violent. Que le lecteur relise au besoin le fameux chapitre de la *Logique de Port-Royal* où il est traité « des sophismes d'amour-propre, d'intérêt et de passion »; qu'il parcoure aussi le IIe livre de la *Recherche de la Vérité*, dans lequel Malebranche dévoile, avec sa perspicacité habituelle, les effets puissants des « imaginations fortes ». Tous les moralistes d'ailleurs n'ont-ils pas répété que « notre amour-propre est un merveilleux instrument pour nous crever les yeux » ? Si « l'amour-propre » est si fort, combien doit avoir plus d'influence encore le « vouloir vivre », le plus fort des amours, et cela chez les primitifs, c'est-à-dire chez des êtres en qui les tendances supérieures, encore peu développées, ne sont pas venues réfréner l'énergie sauvage des besoins matériels ?

Les premiers succès obtenus dans la découverte des causes viennent encore prouver le bien fondé de la supposition, et lui donner une force qu'elle n'aurait pas sans cela. On sait avec quelle rapidité augmente la connaissance des antécédents utiles ; nous avons dit qu'il faudrait un chapitre pour énumérer les souvenirs de ce genre emmagasinés dans le cerveau d'un enfant de deux ans, et un volume entier pour donner seulement la liste des recettes pratiques dont un adulte sauvage ne saurait se passer. Par conséquent, de très bonne heure, à l'occasion de tout fait remarqué, l'idée de cause se présente à la pensée avec la recommandation, si l'on ose dire, d'une expérience qui se croit vite considérable et s'enorgueillit de ses succès. Il s'en faut en effet que le rapport des faits observés aux faits inconnus soit, aux yeux du primitif, ce que l'on serait d'abord tenté de croire. Le monde lui semble petit ; il s'imagine très vite, dans sa présomption naïve, en avoir fait le tour. Se figurant tout connaître, l'appréhension de l'inconnu, du mystérieux, de l'inexploré, qui tourmente le savant moderne, n'existe pas pour lui ; il ne saurait songer aux exceptions possibles. Il doit par conséquent généraliser une idée aussi positive, vérifiée à maintes reprises dans la réalité, avec l'assurance précoce, avec l'air d'infaillibilité qui nous surprennent aujourd'hui.

Enfin l'idée de cause s'impose à la croyance parce que, de bonne heure, elle fait partie d'un système de représentation étendu, compliqué, indispensable.

De très bonne heure le primitif se représente, à sa façon, l'ensemble de l'univers. Pour les raisons exposées plus haut, il place un peu partout l'idée de cause. Elle forme le lien solide, aux mille replis, chargé d'unir des éléments distincts. Sur cette représentation, qui a sa raison d'être, sont établies des habitudes de penser et d'agir. Supposons maintenant que cette idée, répandue à profusion, ne soit plus universellement vraie, il faut refaire sur un plan nouveau notre conception du monde. Du même coup le sentiment habituel de confort, de sécurité, disparaît, pour faire place à l'incertitude et à l'angoisse. Ceux qui ont assisté, en incrédules, à des séances de spiritisme habilement machinées se rappelleront avoir ressenti quelque chose de semblable. A la vue de phénomènes étranges qui renversent, au moins en apparence, des théories longuement méditées d'après lesquelles on dirigeait sa vie, on éprouve un sentiment pénible d'effondrement, de chute dans le vide. Comme un noyé qui s'accroche à la rive, on se cramponne à ses anciennes croyances. On appelle à son secours les pensées amies, on se remémore les arguments les plus concluants ; on exerce à l'égard des faits nouveaux une critique aiguë, souvent malveillante, on profite des moindres prétextes pour leur refuser le droit de cité dans l'esprit. L'idée de cause profite également de son union intime avec un grand nombre de pensées qui nous sont chères. Malgré des faits qui devraient la détruire, elle est maintenue quand même, avec une assurance complète, parce que la mettre en doute nous obligerait à réformer de fond en comble tout le système de nos croyances, toutes nos habitudes de penser et d'agir. Ce n'est plus une idée isolée qui lutte pour son existence propre. Dès qu'elle est mise en péril, elle voit aussitôt se lever et se liguer pour sa défense des myriades d'éléments conscients, qui prétendent, eux aussi, à l'existence et qui sombreraient avec elle. Elle tire sa plus grande force non d'elle-même, mais du grand nombre et comme de la masse des idées auxquelles elle est unie.

En somme, la certitude en la généralité des causes s'explique, comme la plupart des autres croyances, par un concours de conditions multiples, les unes objectives, les autres subjectives. Pour qu'elle arrive à s'établir, il a fallu sans doute la complaisance et comme la collaboration de la nature. A maintes reprises les faits sont venus se ranger dans les cadres dessinés d'avance par la pensée. Mais le rôle de l'expérience a toujours été restreint. La part prépondérante appartient à l'activité interne. Le principe de causalité a pris naissance parce qu'il est favorable à nos tendances secrètes; il s'est développé sous la poussée continue d'avantages pressentis. L'esprit l'a fabriqué, comme il a construit l'idée de cause, en vue de posséder un instrument utile, un excellent moyen d'assurer le bien-être individuel.

§ II

Cette théorie, qui choquera sans aucun doute certaines idées reçues, a du moins l'avantage de résoudre facilement les difficultés contre lesquelles viennent échouer les autres systèmes. Sans faire appel à une faculté spéciale, elle explique tous les caractères qui accompagnent l'extension du concept de cause : la précocité de ce mouvement, sa diffusion presque universelle, même le sentiment de nécessité logique qui nous a paru lui donner naissance.

La tendance à généraliser le concept de cause est précoce : on en trouve des traces dès la seconde année; entre quatre et six ans elle est en pleine activité. Il n'y a rien là qui soit de nature à nous surprendre. Que faut-il en effet pour que cette tendance se développe? L'enfant doit avoir au préalable l'usage de ses sens, de sa mémoire, de son imagination. Il doit être capable également de diriger et de maintenir son attention sur un fait qui l'intéresse; il faut enfin qu'il puisse se rendre compte des avantages ou des inconvénients que les choses présentent. Or tout cela ne tarde guère. Les facultés cognitives et mémorielles, de l'aveu unanime, se développent très vite. L'enfant né à terme distingue la lumière de l'obscurité « immédiatement ou quelques heures au plus après la naissance (1) » ; il entend « avant la fin de la première semaine (2) » ; il regarde ou écoute, semble en un mot capable d'attention « dès le second mois (3) » ; il distingue un visage connu d'un visage étranger « du troisième au sixième mois (4) ».

Quant à la faculté de comparer et de juger, elle se montre également de très bonne heure. Les premiers *pourquoi* de l'enfant sont des pourquoi d'utilité, non de causalité. Il se préoccupe avant tout de savoir à quoi servent les objets. Bien avant l'acquisition du langage, dès l'âge de neuf à dix mois, il établit avec une sagacité remarquable, entre les personnes et les choses, des distinctions utilitaires ; il manifeste déjà

---

(1) Cf. Preyer : *L'Ame de l'enfant.* Paris, 1887, p. 4.
(2) Idem, *Ibid.*, p. 61.
(3) Idem : *L'Ame d'un enfant*, pp. 35, 286.
(4) Idem, *Ibid.*, p. 294.

clairement des sentiments d'amour et d'aversion. Nul n'ignore qu'il commence par préférer sa nourrice ou sa bouteille de lait au reste de l'univers. Enfin, s'il est vrai, comme nous avons essayé de le montrer, que tout acte d'attention est motivé par la connaissance au moins confuse d'un rapport de moyen à fin, la faculté de juger apparaîtrait beaucoup plus tôt qu'on ne le suppose habituellement.

Quoi qu'il en soit de cette dernière affirmation, on ne saurait soutenir que le processus mental exposé ci-dessus est trop compliqué et réclame, pour se former, plus de temps que les faits observés ne nous permettent d'en prendre. Le principe de cause ne saurait tarder à paraître, puisque les facteurs en jeu ne sont autres que les facultés natives de l'individu, mises en éveil par un besoin inné.

L'extension progressive de l'idée de cause à l'immense majorité des faits constatés ou simplement pensés, ainsi que les arrêts qui se produisent dans ce mouvement, sont encore des conséquences logiques de notre hypothèse.

L'esprit, avons-nous dit, postule l'existence de causes, parce que telle est la meilleure solution qu'il puisse fournir au problème tout pratique du bien vivre. Ce même problème se posant sans cesse, à tout moment, à l'occasion de choses en nombre toujours plus considérable, la solution qu'il comporte doit se généraliser également. Les faits sur ce point nous ont donné raison : tant que se poursuit l'éveil de besoins nouveaux, le souci de la cause ne cesse de s'étendre. Un moment doit même venir où non seulement ce qui nous touche, mais même tout ce qui est seulement représenté dans l'esprit, acquiert un intérêt pratique et met en émoi le vouloir vivre. Doué d'une imagination puissante, hallucinatoire, l'homme ignorant distingue mal entre le réel et l'imaginaire. Dès qu'il est de loisir, il invente des situations, il crée des événements qui le mettent en rapport direct avec la nature entière. Chez tous les hommes ce phénomène se produit avec une facilité surprenante. Il est des personnes à qui la vue d'un édifice élevé produit un sentiment d'effroi; elles craignent toujours qu'il ne vienne à s'écrouler. Qui n'a senti un frémissement de peur lui parcourir les membres en regardant travailler un marteau-pilon? Par la pensée on se met à la place du morceau de fer que la lourde masse écrase. Un enfant ne saurait lire un récit de guerre ou de voyage sans lutter pour son compte avec tous les obstacles que ses héros rencontrent. Puisque l'esprit joue ainsi avec des êtres réels ou fictifs, puisqu'il est porté à les supposer bienfaisants ou nuisibles et qu'il éprouve en y songeant toutes les nuances du désir et tous les degrés de la peur, il doit aussi s'intéresser à leurs origines et se préoccuper de leur cause. Poussé en apparence par un caprice irraisonné, guidé en réalité par le souci du bien-être personnel qui ne l'abandonne pas, même lorsqu'il joue et rêve, le primitif est amené sans l'avoir expressément voulu à donner au concept de cause une extension en quelque sorte universelle.

Les cas d'arrêt et de régression dans l'application des causes s'expliquent également à l'aide du même principe. Chaque fois que manque l'intérêt pratique, réel ou fictif dont nous venons de parler, l'idée de cause n'est pas posée, le fait considéré reste à l'état d'absolue position. Rappelons les choses qui pendant longtemps n'éveillent aucunement l'idée de cause. Ce sont des événements très anciens dont l'influence semble nulle aujourd'hui. Hésiode exprime une croyance générale lorsqu'il place le chaos à l'origine du monde. Tels sont également des faits actuels, ayant, pour nous, peu d'importance : un détail dans la structure d'une feuille, une pensée qui soudain traverse l'esprit. Enfin, même sentiment à l'égard des événements très éloignés : le primitif les traite volontiers comme nous faisons encore aujourd'hui les accidents de chemin de fer dont l'intérêt décroît avec la distance, et dont la cause nous préoccupe à peu près dans la mesure où notre sécurité personnelle peut être compromise.

Ainsi, que l'on considère soit les cas d'extension, soit les cas d'arrêt du concept, les phénomènes observés s'expliquent tous, avec une égale facilité, à l'aide d'un seul principe. Tous ils apparaissent comme la conséquence du même fait général qui, variant d'intensité et d'étendue, amène pour les effets qu'il régit des changements parallèles.

Reste maintenant le point le plus délicat. Les causes ne sont pas seulement affirmées comme un fait qui s'impose. A l'encontre de l'opinion commune, nous avons soutenu que notre croyance s'accompagnait ici d'un véritable sentiment de nécessité logique.

Ici encore notre théorie n'est pas en défaut. Pour tous les problèmes que la vie lui présente le primitif considère tour à tour les deux solutions permises : celle du commencement absolu et celle de la généralité des causes. La première étant écartée, avec une révolte, une répulsion puissante de tout l'être, pour les raisons que nous avons dites, la seconde s'impose nécessairement. Il existe, toutefois, pour le cas présent, une difficulté spéciale. Malgré l'apparence affirmative qu'elles revêtent, les conclusions de nos syllogismes sont conditionnelles. L'argument du primitif, mis en forme, serait : « Si je dois vivre il y a partout des causes. Or, je dois vivre... » Mais rien n'est moins certain que la seconde proposition, et c'est un sophisme que de conclure absolument : donc il y a partout des causes. Mais croit-on vraiment que ce paralogisme soit difficile à faire, qu'il ne s'impose pas à toute pensée naissante. Rien ne prouve, en effet, au moins à première vue, que la nature soit tenue de fournir à l'homme tout ce qui peut entretenir sa vie et la rendre heureuse. Mais le primitif ne fait pas tant de métaphysique. Le sang circule librement dans ses veines, son cœur s'ouvre à l'espérance ; il éprouve un immense besoin de vivre et d'être heureux, et comme en fait l'univers ne trompe pas complètement son attente, comme il rencontre autour de lui les conditions requises pour son développement, il a vite l'illusion de se croire le centre du monde et que tout est fait pour lui. Cette croyance établie, le raisonnement énoncé plus haut devient légitime, et, logiquement cette fois, l'homme ignorant est amené à penser qu'il existe à peu près partout et nécessairement des causes, puisque autrement il ne pourrait pas vivre.

Que cette manière de raisonner soit, oui ou non, de tout point légitime, nous n'avons pas à nous en occuper ici. Volontairement le présent travail a été maintenu dans les limites d'une recherche de psychologie. Toute notre ambition a été de montrer que, en faisant agir l'instinct du vouloir vivre sur les facultés mentales, — sens, mémoire, imagination, jugement, — telles qu'elles existent chez l'homme peu de mois après la naissance, on arrive à faire paraître l'idée de cause sous toutes ses formes, avec tous les caractères qui la distinguent, y compris l'extension quasi-universelle qu'elle ne tarde pas à acquérir.

LIVRE II

La cause efficiente et les besoins scientifiques.

La suite de notre travail nous amène à considérer les concepts de cause efficiente chez une nouvelle catégorie de personnes : les philosophes et les savants.

Prétendre expliquer ici, comme nous l'avons fait pour les primitifs, par une activité purement intentionnelle, l'histoire entière de ces concepts, semble une véritable gageure. Philosophes et savants, quand ils nous présentent le résultat de leurs enquêtes et de leurs méditations, affirment n'avoir eu de regards que pour la réalité objective. Avec un soin poussé jusqu'au scrupule, ils se sont appliqués, disent-ils, à faire abstraction de leurs goûts personnels, de tout préjugé d'école ; ils ont eu recours à mille procédés ingénieux, fruits d'une longue expérience des erreurs déjà commises ; ils n'ont rien écrit que d'après les conseils d'une raison tout impersonnelle et pour ainsi dire « sous la dictée des faits ». On semble donc leur faire injure en essayant de soutenir que leurs efforts ont été vains et qu'à leur insu ils se sont laissé séduire par l'attrait puissant de quelque résultat désiré.

Telle est pourtant la thèse que nous allons défendre. Nous voulons montrer que tout philosophe, que tout savant possède d'abord un idéal préconçu, — sans lequel il ne serait ni un savant, ni un philosophe, — une sorte de rêve interne qu'il tient par-dessus tout à réaliser. Seules sont retenues et objectivées les formes du concept de cause qui favorisent cet idéal, les autres subissent une réduction puissante. Tour à tour élues, réformées, délaissées, reprises, les idées de cause ne sont jamais voulues ou rejetées pour elles-mêmes. Le motif étroitement utilitaire qui, chez les primitifs, présidait à leurs transformations, a été remplacé par un autre, mais leur rôle est resté le même, leur évolution demeure le résultat de l'activité intentionnelle de l'esprit.

Dans un premier chapitre nous ferons connaître quels sont, croyons-nous, les grands principes directeurs de la pensée spéculative. Quatre chapitres suivront où l'on s'efforcera de montrer que les transformations les plus importantes du concept de cause, en apparence incohérentes ou encore mal expliquées, deviennent intelligibles grâce à l'hypothèse que nous soutenons.

CHAPITRE PREMIER

LES PRINCIPES DIRECTEURS DE LA PENSÉE SPÉCULATIVE

A mesure que les besoins de la vie matérielle se trouvent satisfaits, il s'en développe d'autres en apparence désintéressés que l'on appelle des besoins intellectuels. Faibles et intermittents chez la plupart des hommes, ils peuvent, grâce à un concours de circonstances heureuses, prendre chez quelques individualités un accroissement considérable, devenir impérieux et accaparer à leur profit la plus grande part de l'activité disponible.

Rien jusqu'ici que tout le monde n'accorde. Le différend commence lorsqu'il s'agit d'analyser ces besoins intellectuels et surtout de déterminer la tendance primitive qui règle toutes les autres.

§ I

D'après une doctrine fameuse introduite par Kant, toutes nos facultés de connaître seraient orientées vers la recherche de l'unité. La catégorie d'unité serait ainsi la catégorie suprême. Placé en face du divers de la sensation, l'esprit n'aurait qu'un but : ramener à l'unité la multiplicité infinie du donné. L'imposition des formes de l'espace et du temps donnerait d'abord aux sensations un semblant d'uniformité ; grâce à l'emploi des douze catégories, notre connaissance acquerrait une unité plus haute ; enfin les trois idées de la raison, échelonnées, achèveraient la synthèse de toutes nos représentations.

Malgré sa notoriété et les grands noms dont elle se réclame, cette doctrine nous semble à la fois fausse et dangereuse. Assurément, tout esprit cultivé prend un plaisir extrême à mettre le plus d'unité possible dans ses connaissances. Nous n'avons pas l'intention d'élever à ce sujet le moindre doute. Mais, loin d'être primitif, ce fait est déjà la conséquence de tendances antérieures que nous déterminerons. Comment, en effet, considérer comme inné, comme loi suprême de la pensée spéculative, un besoin ignoré de la plupart des hommes et si peu efficace que les esprits les plus distingués n'arrivent pas à constituer l'unité parfaite du donné ?

Il est évident que l'enfant et le sauvage ainsi que l'immense majorité des civilisés se préoccupent aussi peu que possible de faire régner l'ordre et l'harmonie dans la masse de leurs connaissances. Pendant de longues années, on entasse pêle-mêle dans sa mémoire des monceaux de notions individuelles sans se préoccuper de leur faire subir le moindre triage. Combien de gens donnent asile, sans avoir l'air d'en souffrir, à des idées évidemment fausses? Telle femme du monde, réputée pour son esprit, se contredit à cinq minutes de distance. Assez souvent les actes démentent les principes affichés. Même chez les spécialistes de la pensée, le prétendu besoin d'unité joue parfois un rôle secondaire. Les premiers philosophes admettent deux, trois, ou même quatre substances premières différentes et irréductibles. Platon et Aristote exposent une théorie dualiste, puisqu'ils affirment l'indépendance originelle de la matière et de l'esprit. La tendance, à supposer qu'elle existe, reste, dans la plupart des cas, inconsciente et trop faible pour produire des effets appréciables.

Bien plus, personne au monde n'a jamais réussi à réunir en un tout cohérent les éléments épars de la pensée. Pas un philosophe qui, partant de l'unité, rejoigne d'un mouvement continu le divers de la sensation. Parfois ils aiment à nous parler, comme Spinoza, d'une seule substance indéfiniment modifiée. Mais leurs raisonnements, même sous forme géométrique, présentent toujours des lacunes. Au cours de la démonstration, sans le dire, sans se l'avouer peut-être, ils introduisent çà et là des faits simplement posés, de véritables absolus d'ordre secondaire. Comme dans ces tragédies mal faites, dont plaisante Aristote, on voit surgir, au milieu de l'action, des personnages que le prologue n'avait pas fait prévoir. L'unité promise est plus apparente que réelle.

Enfin s'il est vrai, comme l'affirme le fondateur même de la théorie, que le spectre des antinomies vienne infailliblement à un moment ou à l'autre se dresser devant nous, le désir d'une synthèse complète n'est qu'un mirage décevant, tous nos efforts en ce sens sont condamnés d'avance à ne pas aboutir. L'unité de la pensée qui n'existe nulle part est un état impossible à réaliser. Nous n'acceptons pas pour notre compte cette dernière hypothèse. Mais il reste vrai que le prétendu besoin d'unité ne se présente pas aux yeux de l'observateur impartial avec les caractères de précocité, d'universalité, d'efficacité, que l'on serait en droit d'attendre de la loi suprême de la pensée.

Fausse en soi, l'opinion de Kant a de plus des conséquences regrettables qui achèvent de nous la rendre suspecte. Elle entraine les philosophes à considérer l'intelligence comme un tout qui se suffit à lui-même. Ce parti pris d'unité à outrance, point de départ, selon le Criticisme, de tout le travail intellectuel, décret incompréhensible, sorte d'impératif catégorique de la Raison pure, fait de l'intelligence une faculté spéciale, isolée et comme étrangère au monde de la sensibilité, à celui de la volonté. Alors tout essai d'explication génétique appliqué aux lois de l'esprit devient radicalement impossible. Aussi, tant qu'a régné cette théorie néfaste, les psychologues ont trouvé là une barrière infranchissable. Respectueux de l'autorité d'un si grand maître, ils n'ont pas osé remonter plus haut ; ils ont évité de se demander si les lois variées de l'intelligence, y compris l'amour de l'unité, ne trouvaient pas, dans le fait plus général de jouir ou de souffrir, leur lointaine origine, si elles n'étaient pas, au moins quelques-unes, la conséquence nécessaire de l'instinct, seul vraiment inné, du vivre et du bien vivre.

Pour ces raisons multiples nous refusons de voir dans le besoin d'unité le fait capital, irréductible, de la pensée, quelque chose comme la clé de voûte de l'Intelligence. Nous demandons la permission de présenter une théorie toute différente.

§ II

La tendance primitive d'où est sortie l'activité spéculative proprement dite serait, selon nous, le besoin très humble et tout pratique de se représenter le plus grand nombre possible d'individus et d'événements particuliers. Le désir de connaître des êtres et des faits concrets, étendu de proche en proche, engendre assez vite le souci de la connaissance universelle. On arrive ainsi à s'intéresser à tout ce qui peut exister dans l'univers. Pour exprimer cette vérité en style kantien, nous dirions volontiers que la catégorie suprême de la pensée est, non pas la catégorie d'unité, mais celle de *totalité*.

En effet, une curiosité universelle est un des caractères les plus généraux de l'espèce humaine. De très bonne heure l'enfant se préoccupe de tous les objets contenus dans les bornes étroites de son horizon. Il examine les personnes et les choses, fouille dans les tiroirs qu'il ravage, aime à faire des inventaires. Maître de ses mouvements, débarrassé de la crainte du premier âge, il manifeste des goûts d'explorateur; sans souci du danger, il se glisse dans les fourrés, grimpe aux arbres, scrute les recoins les plus inaccessibles. Homme fait, sa curiosité ne cesse de s'étendre ; il s'enquiert de ce que renferment les pays lointains, il prend goût aux récits des longs voyages. Il en vient à se demander ce qui peut exister au-delà de sa planète, plus loin que le soleil, partout dans l'espace infini. Les limites du temps présent ne l'arrêtent pas davantage : il s'efforce de sonder le passé obscur, il cherche à deviner le mystérieux avenir. C'est en vain que des esprits positifs essaient de modérer ses désirs. Ils auront beau vouloir lui prouver qu'il faut savoir se résoudre « à moins connaître afin de mieux connaître », que c'est une pensée folle, orgueilleuse, téméraire, que de prétendre analyser et classer une trop grande multitude d'êtres, explorer le double infini du temps et de l'espace, il ne saura se résoudre à poser de lui-même des bornes infranchissables au savoir. Pour éteindre son désir immodéré de connaître, il faudrait lui cacher, sur la carte du monde, les places vides, signes de territoires inconnus. Autrement, malgré lui, ses yeux se reportent de ce côté, il éprouve à leur vue une gêne secrète, un sentiment d'ennui, semblable à celui du botaniste ou du collectionneur auxquels manque une pièce rare. Plus l'esprit possède, plus il devient exigeant sur ce qui lui manque. Plus on prétend limiter ses aspirations, plus il ambitionne la connaissance intégrale de l'univers.

Ce besoin sans cesse croissant de connaître et de tout connaître n'est pas assurément un fait premier, sans rapport avec les besoins fonciers de la vie humaine, un empire dans un empire. Il est, quoi qu'il semble au premier abord, une conséquence du désir de bien-être, qui dirige, nous l'avons déjà dit, toute l'activité mentale, à quelque degré qu'elle appartienne. Partout et toujours, les recherches en apparence les plus désintéressées ont été entreprises avec l'espoir secret de découvrir des connaissances utiles. L'enfant est sans cesse en quête d'objets qui serviront à ses jeux, de retraites inconnues où il déjouera les poursuites de ses camarades. Notre admiration pour les hommes hardis qui affrontent les dangers du pôle ou de l'équateur se nuance d'un sentiment égoïste ; nous espérons tout bas qu'ils rapporteront de leurs expéditions lointaines des observations dont, ensuite, il nous sera possible de tirer parti. De même, les formules abstraites des mathématiciens, les analyses minutieuses des physiciens, des chimistes, des biologistes, nous apparaissent comme destinées à augmenter notre bien-être. Nul n'ignore que, sans la curiosité intelligente de quelques chercheurs comme Papin ou Galvani, nous ne posséderions sans doute ni la machine à vapeur, ni l'électricité. C'est pourquoi on trouve bon que certains hommes s'adonnent avec passion à des études provisoirement sans portée pratique. On sait que le moindre fait reconnu vrai, la moindre idée fausse dévoilée, peuvent devenir le point de départ d'une longue série de connaissances précieuses. Semblables au laboureur de la fable qui plante pour ses arrière-neveux, ceux qui s'adonnent à ce genre d'occupations font œuvre utile à la communauté : ils préparent dans un avenir lointain le bonheur des générations futures.

Mais une telle explication est insuffisante appliquée aux savants et aux philosophes, c'est-à-dire à la catégorie de personnes qui nous intéressent ici le plus. Le vrai savant diffère de la foule, précisément parce qu'il semble aimer la connaissance spéculative pour elle-même, indépendamment du bien-être matériel qu'elle apporte, ou tout au moins qu'elle permet d'espérer.

Cette opinion, donnée souvent comme un axiome, mérite d'être revisée. Si l'on écarte les considérations accidentelles et personnelles d'avantages pécuniaires, de situation, d'honneur à acquérir, motifs beaucoup plus puissants qu'on ne l'avoue d'habitude, il reste que la science satisfait encore à deux autres besoins généraux de la nature humaine.

Une connaissance aussi étendue que possible du réel contribue à faire évanouir la crainte de l'inconnu. Si l'inexploré laisse le champ libre « aux longs espoirs et aux vastes pensées », il nous permet de tout redouter. En l'absence d'affirmation catégorique contraire, les idées folles, les images horribles, angoissantes comme celles d'un cauchemar, peuvent se développer à l'aise. Que l'on se rappelle les terreurs religieuses des anciens Grecs, chantées par Lucrèce, ou les rites féroces des primitifs institués pour apaiser des divinités imaginaires. Certains philosophes ont entrepris leurs recherches métaphysiques précisément pour échapper à cette hantise. Lucrèce veut faire d'Épicure un Dieu parce qu'il a, dit-il, délivré l'humanité de la crainte terrible du Tartare. Aujourd'hui encore il n'est personne qui n'apprécie cet avantage des études scientifiques et philosophiques. Le soir, dans l'obscurité, lorsqu'un bruit insolite, un craquement de meuble, provoque en nous une crainte irraisonnée, il suffit pour se ressaisir, pour retrouver le calme compromis, de songer à la constance éprouvée des lois de la nature. Aux heures douloureuses de la vie, après la perte d'une personne chère, ou simplement lorsque l'approche de la mort vient réveiller en nous comme un écho des terreurs ancestrales, il est des âmes qui se consolent ou se rassérènent en méditant les pensées des sages qui passent pour avoir pénétré le plus avant dans le mystérieux au-delà.

Outre cet avantage, en quelque sorte négatif, de la spéculation, il en est d'autres positifs. D'abord les recherches du savant et du philosophe contribuent toujours, de près ou de loin, à donner à la vie l'orientation qu'elle suivra. Il est trop évident que des discussions sur l'origine des choses, sur la nature matérielle ou spirituelle, nécessaire ou libre de la cause première, dépassent les bornes de la spéculation pure et comportent des conséquences pratiques. Inutile de rappeler que telle était l'opinion de Socrate, d'Épicure, de Zénon et de leurs nombreux disciples. Platon, Aristote, Spinoza, ont tiré de leurs métaphysiques des traités de morale et de politique.

Mais, pour les grands spéculatifs, la pratique de la science n'est pas seulement la recherche des règles du bien vivre, elle est la vertu suprême, le moyen infaillible d'apaiser les passions, de posséder la vie heureuse. C'est que la contemplation de la nature, de ses lois immuables, de l'ordre universel, produit sur l'âme entière du « sage » une impression profonde. Il lui semble, à concevoir ces choses, devenir lui-même puissant, immense, éternel et beau comme le monde. Il sympathise avec le « Cosmos » ; il est, pour un instant, suivant la belle expression de Platon, reprise par les stoïciens, « semblable à Dieu ». Séduit par la perfection de l'objet qu'il contemple, il oublie, tel le mystique aux heures d'extase, les tracas de la vie commune, les luttes mesquines des intérêts humains, ses propres misères, la souffrance, la vieillesse, la mort. C'est pour cela qu'Aristote considère la divinité comme une Pensée pure satisfaite d'elle-même, ignorante du monde imparfait. Contempler « les demeures sereines des sages » mettait le calme dans l'âme troublée de Lucrèce. Le sentiment de la nécessité universelle permettait à Spinoza, malade, pauvre, persécuté, de goûter néanmoins ce qu'il appelait « la souveraine béatitude ».

Ainsi la connaissance de l'univers, à tous ses degrés et sous toutes ses formes, est utile ; elle concourt éminemment au bien-être de notre vie, soit matérielle, soit morale. Le sentiment plus ou moins confus de ces divers avantages existe chez tout le monde ; c'est là en réalité ce que l'on recherche, même en croyant chercher le plaisir désintéressé du pur connaître; c'est de cela qu'est fait chez tous l'amour de la sagesse.

Le besoin de tout connaître se trouve donc ramené, comme nous l'avions annoncé, au désir vraiment inné du bien-être, sentiment autrement précoce, autrement universel et tenace que le souci de l'unité prôné par Kant. A tous ces titres il nous semble devoir être considéré comme le fait premier, origine de toute philosophie, comme le grand principe directeur de notre activité spéculative.

§ III

L'esprit humain désire donc se représenter l'ensemble de l'univers, et cela non pas d'une façon vague, incomplète, schématique, mais d'une façon aussi détaillée que possible, de manière à pouvoir tirer bon parti de ce qu'il sait. Ce rêve de connaissance à la fois universelle et précise semble impossible à réaliser avec les faibles moyens dont l'homme dispose. Le réel dépasse énormément par son étendue, sa complexité, sa mobilité, nos facultés de connaître. On ne saurait songer à constater directement, ainsi qu'il le faudrait pourtant, tout ce qui naît et meurt dans la nature. Le nombre de choses relativement stables est énorme et défie déjà notre observation. Aucun astronome ne pourrait dire au juste le chiffre des étoiles; aucun naturaliste n'a vu de ses yeux les six cent mille espèces végétales ou animales qui se rencontrent à la surface du globe. Comment retrouver la trace des faits évanouis dans les siècles passés, comment deviner ceux que l'avenir ne montre pas encore ? Et ce n'est pas tout. Après avoir constaté, il faudrait retenir. Supposons qu'un même esprit ait vu se dérouler sous ses yeux plusieurs milliards d'événements, comment pourra-t-il en garder le souvenir de façon à les faire reparaître dans sa pensée, au commandement, toutes les fois qu'il en aura besoin ?

Après de longues observations, des tâtonnements sans nombre et des retouches infinies, les hommes ont réussi à trouver un procédé extrêmement ingénieux, simple au moins dans les grandes lignes, s'il est parfois compliqué dans les détails, qui permet de résoudre en partie ce délicat problème. Il consiste à remplacer la connaissance directe, expérimentale, réelle des êtres et des phénomènes par une connaissance indirecte que l'on appelle habituellement déductive ou *a priori,* ou encore rationnelle, et que nous appellerons plus volontiers une connaissance virtuelle.

Tout système de connaissance virtuelle, convenablement établi, apporte avec soi des avantages énormes d'ordre logique et d'ordre pratique. Quelle que soit en effet la nature de la démonstration, qu'elle nous fasse passer du général au particulier, c'est-à-dire de l'implicite à l'explicite, comme le veut Aristote, ou qu'elle nous conduise d'un fait particulier à un autre fait particulier, comme le soutient Stuart Mill, toujours est-il que cette forme de raisonnement possède une puissance merveilleuse. A l'aide d'un nombre plus ou moins considérable de notions fixes : axiomes, postulats, définitions, lois générales, propriétés essentielles, on arrive à canaliser en quelque sorte la pensée, laquelle, étroitement circonscrite, ne trouvant jamais qu'une seule issue ouverte, est conduite, sans écart possible, du point de départ jusqu'au point d'arrivée. On peut ainsi retrouver, à l'aide d'opérations simples et familières, une représentation depuis longtemps évanouie. On peut surtout la faire naître, la créer dans tout esprit sain qui ne la possède pas encore. Évoquée par la magie du raisonnement déductif, elle paraîtra, élue entre des milliers d'autres, avec une sûreté que l'on ne saurait prendre en défaut, précise dans les moindres détails, au point de défier l'acuité de nos sens et la portée des instruments les plus parfaits. Tracez un triangle; par l'un des sommets prolongez l'un des côtés et menez une ligne parallèle à un autre côté. Cette construction achevée, opérez suivant des règles convenues deux substitutions d'angles, et vous ne pourrez vous empêcher de voir que la somme des trois angles est égale à deux droits. De même, imaginez un cône et coupez-le par un plan. Suivant l'inclinaison du plan vous obtiendrez une circonférence, une ellipse ou une parabole dont l'image, ainsi que les moindres propriétés, d'abord ignorées, viendront, pour vous et pour quiconque aura suivi votre démonstration, se dessiner infailliblement sur le champ lumineux de la conscience.

La connaissance rationnelle présente en outre des avantages pratiques. Certains principes, judicieusement choisis, ont toute l'apparence de régler le cours même de la nature, comme ils font nos représentations, avec la même certitude et la même précision. A l'aide de quelques éléments stables, constatés une fois pour toutes, le savant solitaire évoque dans sa pensée une partie de l'histoire du monde. Il voit en imagination des spectacles qui n'ont jamais frappé ses regards, il entend des bruits que nulle oreille n'a perçus. Il scrute également l'avenir et se hasarde à faire des prédictions que les événements viennent souvent confirmer. Supposons maintenant que les hommes aient réussi à établir un système de connaissance virtuelle, valable pour tout l'univers, et voyons ce qui s'ensuivrait. Ce ne serait plus alors quelques faits rares et incomplets que l'on arriverait à déduire. Possesseurs de formules contenant en puissance toute la nature, il nous suffirait de les développer suivant les règles convenues pour voir immédiatement paraître sous nos yeux n'importe quels faits de la réalité. Les moindres phénomènes passés, présents ou à venir pourraient ainsi être évoqués en nous, chez autrui, autant de fois que l'on voudrait. A notre appel, ils surgiraient des profondeurs de l'inconscient, non pas comme aujourd'hui, sous forme schématique, secs et comme décharnés, mais riches de détails, revêtus des moindres nuances qui les individualisent. Par conséquent, plus besoin de recourir à tout propos à la connaissance sensible, toujours bornée, longue, pénible, coûteuse, souvent fausse et source de discussions interminables. La connaissance virtuelle devenue parfaite nous aurait délivrés de tous ces ennuis, en nous conservant cependant les avantages précieux de la vision directe.

Établir et améliorer sans cesse nos systèmes de connaissances virtuelles, trouver des principes fixes plus généraux, des procédés de démonstration plus maniables, créer des formules plus compréhensives et qui enserrent de plus près la réalité, telle a toujours été la pensée maîtresse des philosophes et des savants. Allons plus loin, tel a toujours été leur véritable rôle, leur unique raison d'être. Ils gardent ainsi, malgré les différences d'opinion qui les séparent, comme un air de famille ; ils se distinguent nettement de l'empiriste dont la curiosité se borne à constater des faits sans songer à les déduire.

L'histoire entière de la pensée spéculative manifeste chez les plus illustres chercheurs le désir continuel d'échapper aux inconvénients de l'expérience sensible, la préoccupation dominante d'instituer la connaissance virtuelle de l'univers.

La recherche, comme instinctive, d'une connaissance de ce genre perce déjà dans l'établissement des idées générales vulgaires. L'idée générale fait de la réalité deux parts : l'une comprend une multitude de phénomènes passagers, « accidentels », que l'on néglige ; l'autre est constituée par un groupe de caractères supposés stables, lesquels, on croit le savoir, paraîtront toujours ensemble. Il suffira donc d'en constater un ou deux pour annoncer *a priori* la présence de tous les autres.

Les tentatives des premiers Ioniens décèlent un effort plus considérable pour parvenir à se représenter les apparences sensibles à l'aide d'éléments simples, unis ou séparés, suivant des lois fatales. Mais ces systèmes ne sont que des ébauches très imparfaites. Autant qu'on peut le conjecturer, Thalès, Anaximandre, Anaximène, Héraclite, racontaient à leur façon l'histoire des phénomènes plus qu'ils ne les expliquaient ; leurs démonstrations n'avaient pas la propriété de créer, à coup sûr, dans l'esprit de l'auditeur des images conformes à la réalité.

C'est seulement vers le temps de Pythagore qu'est apparu, aux yeux des sages étonnés, un modèle précis de cette connaissance virtuelle vaguement entrevue et vainement cherchée depuis des siècles. Cet événement mémorable s'est produit le jour où l'on a remarqué qu'il existe entre diverses propriétés d'un être, ou bien entre deux événements successifs, une liaison nécessaire. Il ne s'agit plus ici d'une nécessité de fait comme imposée du dehors, d'un « fatum » inéluctable, conséquence « d'un grand serment » que les dieux eux-mêmes ne sauraient violer. Il s'agit d'une nécessité logique, rationnelle, telle en un mot que toute supposition contraire apparaisse à la pensée comme rigoureusement impossible.

Encouragés par des succès obtenus en géométrie, en astronomie, en musique, les Grecs d'alors ont immédiatement conçu un immense espoir d'arriver à déduire, par voie de conséquence nécessaire, tous les phénomènes de la nature. La plupart des faits réclamés aujourd'hui par les astronomes, les physiciens, les chimistes, les biologistes, ont été étudiés par les anciens, analysés et classés dans cette intention. De l'énorme travail poursuivi pendant des siècles par une race subtile et sur tous les points du monde civilisé, en Asie Mineure, en Thrace, en Italie, en Sicile, en Grèce, il reste des titres d'ouvrages, des résumés incomplets et, semblables aux sommets d'un continent submergé, une partie des œuvres de Platon, d'Aristote et d'autres penseurs échelonnés de Pythagore à Plotin. Les pages qui ont survécu montrent assez, chez les auteurs, un dédain universel et profond de l'expérience sensible, ainsi qu'une vision déjà nette du but à atteindre, une ardeur juvénile pour doter l'humanité d'une explication rationnelle de l'univers, une confiance naïve dans le succès de l'entreprise.

Malgré les démentis humiliants infligés par la réalité à des théories trop vite élaborées, le rêve de déduction universelle, conçu aux beaux jours de l'enthousiasme primitif, n'a jamais été définitivement abandonné. On a pu à diverses reprises y renoncer pour un temps, s'imaginer, comme au moment de la lutte avec le scepticisme, ou plus récemment dans certains milieux positivistes, que tout effort dans ce sens resterait infructueux. Les crises de défaillance ont toujours été rares et de peu de durée. Toujours elles ont été suivies d'un élan plus ardent vers la connaissance rationnelle. La scolastique elle-même, si détachée de la réalité concrète, s'efforçait de déterminer *a priori* la forme de l'univers et les principales qualités des corps. Les fondateurs de la science et de la philosophie moderne, malgré des attaques répétées contre le syllogisme, ont gardé fidèlement l'idéal antique. Que prétendent Galilée, Descartes, Spinoza, Leibnitz, Kant, sinon asseoir sur le solide la connaissance rationnelle ? Les positivistes ont cherché comme les autres à secouer le joug de l'expérience ; très vite ils font appel à la déduction ; quelques-uns d'entre eux formulent même l'espoir d'arriver un jour à tout déduire, tel Hippolyte Taine rêvant « d'une formule divine, prononcée au plus haut de l'éther et d'où s'écoulerait le flot torrentueux des choses » ; tel H. Spencer nous exposant en des termes que n'aurait pas désavoués Spinoza, les transformations nécessaires de la force, substance unique du monde.

Aujourd'hui plus que jamais le rêve séculaire est en train de prendre corps. Les sciences dites inductives tendent toutes à changer de méthode et à devenir déductives. Personne, à notre jugement, n'a mis ce fait en lumière aussi bien que M. Goblot (1). L'auteur

(1) Cf. GOBLOT : *Essai sur la classification des sciences*. Paris, 1898.

n'accepte pas comme définitive l'opposition courante établie entre les sciences déductives et les sciences inductives. L'état inductif ne serait qu'une période transitoire, un stade passager. Toutes, y compris les mathématiques, auraient passé par là, et toutes se dirigeraient, d'un pas inégal, selon les obstacles rencontrés, vers le terme commun : constituer un enchaînement de vérités nécessaires. M. Duhem va même beaucoup plus loin (1). S'il faut l'en croire, le travail du savant moderne consisterait moins à découvrir des faits nouveaux qu'à élaborer des théories autant que possible simples et maniables, destinées à permettre la connaissance *a priori* des phénomènes sensibles. Il ne veut pas que l'on parle de la vérité objective de semblables systèmes. Ce ne sont jamais, affirme-t-il, que des hypothèses, des fictions, des procédés commodes, suggérés par l'observation des faits ou même inventés de toutes pièces. Qu'importe d'ailleurs qu'ils ne soient pas ce qu'un réalisme présomptueux prétendait en faire ! Leur utilité présente les légitime ; il convient de s'y tenir jusqu'au jour où des conceptions plus avantageuses viendront les remplacer. Cette manière de voir, qui peut sembler outrée, est commune aujourd'hui à d'illustres savants, ainsi qu'à de remarquables théoriciens de la science (2). Vraie ou fausse, elle indique bien la direction dans laquelle est orientée l'activité scientifique de nos contemporains.

L'état actuel n'est en somme que le résultat légi-

---

(1) Cf. DUHEM : *L'Évolution de la Mécanique*, dans la *Revue générale des Sciences*, janvier-février 1903.
(2) Cf. POINCARÉ : *Le Mécanisme et l'expérience* (*Revue de Métaphysique et de Morale*, 1893, p. 534); — LIPPMANN : *La Théorie cinétique des gaz et le Principe de Carnot* (*Congrès international de 1900*, t. I, p. 548).

time, prévisible, d'une lente évolution. Des origines à nos jours, tous ceux qui pensent ont été hantés par l'envie de se passer de la connaissance sensible. De très bonne heure ils en ont vu tous les inconvénients, signalés avec insistance par les Éléates et par Platon. Chaque système nouveau s'est présenté comme le résultat d'un effort heureux pour échapper mieux qu'on ne l'avait fait jusque-là à la multiplicité des êtres singuliers, aux incertitudes et aux lenteurs de l'observation directe. C'est pourquoi le désir de constituer une représentation virtuelle du monde à la fois commode et compréhensive sera considéré par nous, — après le besoin de connaître la totalité des faits concrets de l'univers, — comme le second principe directeur de la pensée spéculative. Lui refuser ce rôle serait méconnaître la continuité de son influence et l'importance de son action dans l'histoire entière de la philosophie et de la science.

§ IV

Nous connaissons maintenant l'idéal supérieur en vue duquel vont être ordonnés et construits tous les concepts admis à faire partie de la science. Pour aucun d'eux l'expérience pure et simple ne décidera en maîtresse absolue. Son rôle se bornera à recommander à l'attention du philosophe et du savant des exemples concrets, des modèles, qui seront écartés ou retenus, employés tels quels ou réformés, selon qu'ils sembleront pouvoir s'adapter ou non au système général que l'on s'efforce d'établir. En raison de leur importance, les concepts de cause seront surveillés de plus près que beaucoup d'autres ; plus que d'autres ils devront, avant d'obtenir droit de cité, obéir à la loi commune et faire preuve d'utilité. Tel est le fait précis qui sera mis en lumière dans les chapitres suivants.

Il convient cependant de répondre à l'avance à deux objections que l'on ne manquerait pas de nous faire.

S'il en est ainsi, pourrait-on dire, si de très bonne heure les « sages » ont eu conscience de la fin à réaliser, si leur susceptibilité toujours en éveil est devenue comme ombrageuse à mesure que s'est dévoilé l'idéal poursuivi, pourquoi des formes de l'idée de cause, dangereuses, inutiles, n'ont-elles pas été, de prime abord et à tout jamais, éliminées? Partie de la cause active, intentionnelle et libre, la pensée spéculative aurait dû se diriger, sinon tout droit, du moins sans retours en arrière, vers l'idée de cause aveugle et nécessaire. Or, il n'en est rien. Des origines de la science aux temps modernes on assiste à de perpétuels recommencements. Nécessité ou liberté, activité tantôt aveugle, tantôt intentionnelle, absence ou présence d'activité, autant de sujets de litige, de problèmes sans cesse discutés, jamais résolus. Malgré vingt-cinq siècles d'efforts, il semble que la question n'ait pas avancé d'un pas; on dispute encore aujourd'hui sur toutes ces choses comme au temps lointain d'Arcésilas et de Carnéade.

Cette diversité d'opinions n'est pas pour nous arrêter. Elle tient à ce que, dans l'état actuel de la science, à plus forte raison aux périodes précédentes, aucun système de connaissance virtuelle ne saurait nous satisfaire complètement. Comme s'il existait une implacable loi d'équilibre, tout progrès réalisé sur un point entraîne par ailleurs des inconvénients notables. Obligés de choisir entre des procédés d'explication inégalement parfaits, les philosophes se décident pour des raisons tout extrinsèques d'éducation et de tempérament. Ce choix primordial entraine, par contre-coup, l'acceptation de concepts de cause très différents.

Ainsi, certains d'entre eux se préoccupent avant tout de l'étendue de la connaissance. Esprits synthétiques, aimant à contempler de vastes ensembles bien ordonnés, ils s'efforcent de déduire de quelques principes simples la totalité de l'univers. Pourvu que leur système exprime les parties essentielles d'un très grand nombre d'êtres, ils se montrent d'une tolérance extrême pour tout le reste. Ils négligent mille faits de détail qui échappent à leur prise. Ce sont, disent-ils, des accidents, des jeux de la nature : *De minimis non curat prætor*. Ils n'exigent pas même une déduction rigoureuse. Des motifs probables, de simples raisons de convenance leur suffisent. Afin d'étendre davantage la portée de la science, ils se résolvent sans trop de peine à faire intervenir le concept de cause libre.

D'autres esprits, au contraire, d'allure plus timide ou simplement plus prudente, ajournent à une époque indéterminée la connaissance intégrale de l'univers et circonscrivent volontiers leur champ d'exploration dans des bornes très étroites. Seulement ils prétendent expliquer les faits dont ils s'occupent par raisons précises et rigoureusement certaines. Ils écartent impitoyablement les preuves dites de sentiment, se moquent des poètes-philosophes qui vont au vrai « avec toute leur âme », et n'estiment que la logique froide et sévère. Ils n'utiliseront jamais d'autre concept que celui de cause nécessaire.

Ce n'est pas tout. Les uns contemplent le monde avec des yeux d'artistes. Ames de cristal, selon le mot du poète, ils vibrent à tous les bruits de la création. Ils ne se lassent pas d'admirer la convenance des détails et la beauté de l'ensemble : ils réclameront l'intervention des causes intentionnelles. Tout différents, d'autres s'adonnent aux recherches positives. Occupés à compter, à mesurer, à classer, à reproduire des faits très particuliers, ils n'éprouvent que de loin en loin le frémissement intérieur qui agite à tout propos les premiers ; ils ne perçoivent pas la valeur esthétique des êtres. Ils inclineront, sans aucun doute, vers le concept de cause aveugle.

On le voit, suivant le nombre et la diversité des phénomènes que l'on tient à faire rentrer dans les cadres de la science, suivant la nature des faits auxquels on accorde une attention prédominante, suivant le degré de précision et de nécessité avec lequel on prétend les faire sortir les uns des autres, on est contraint de recourir à des concepts de cause très différents. Ces préférences individuelles, issues de causes extrêmement complexes et, en apparence au moins, capricieuses, résultantes du tempérament et de l'éducation, doivent se retrouver plus ou moins à toutes les époques. L'introduction de ces variables, de rang secondaire, jette une apparence de désordre dans l'évolution des concepts de cause, qui n'en reste pas moins soumise, pour les grandes lignes, au principe général que nous avons énoncé.

On aurait maintenant le droit de nous faire une seconde objection. Que chez des primitifs, conduits par une sorte d'instinct à peine conscient, et incapables de s'analyser eux-mêmes, un désir fort détermine une croyance solide, acceptée sans défiance, rien de plus naturel. Mais que le même fait se reproduise chez des hommes avertis, habitués à s'étudier eux-mêmes, à l'occasion d'un concept très important, sans cesse remis en discussion ; que les intéressés ne se rendent pas compte du motif secret qui les guide, mais s'ingénient, au contraire, pendant des siècles, à faire valoir des raisons qui n'en sont pas, assurément voilà qui doit sembler extraordinaire.

Étrange ou non, ce phénomène, si on arrivait à prouver qu'il existe, devrait quand même être admis. Nous aurions alors, pour diminuer la portée de l'objection, la ressource de montrer qu'il n'est pas seul de son espèce. Mais il n'est pas besoin de recourir à ce moyen désespéré. On peut comprendre que l'homme le mieux averti laisse se former, sous l'influence obscure d'un désir, un sentiment de certitude dont il n'arrivera pas ensuite à retrouver la véritable origine.

Qu'il s'en rende compte ou non, le philosophe désire la vérité des concepts qui favorisent ses recherches, il redoute la réalité des idées contraires. Par suite, en dépit des résolutions et des précautions prises, il examine avec un soin spécial et retient fidèlement les arguments favorables à l'idée chère, il apporte aux objections une attention moindre. Il se pourra même, si la passion s'en mêle, qu'il ferme les yeux à l'évidence. Peu à peu, sous la pression sourde et continue du désir, par à-coups successifs et mille fois répétés, le bloc des représentations favorables augmente, prend de la consistance; celui des idées hostiles s'accroît moins vite ; il peut même, négligé, combattu, s'effriter et disparaître. Lorsque la lutte est par trop inégale, l'idée forte engendre une croyance indépendante, en apparence, de tout vouloir.

Pour en découvrir l'origine, il faudrait remonter très haut, analyser avec une attention intense et un désintéressement complet des phénomènes nombreux, fugitifs et peu différenciés. Les philosophes et les savants n'ont eu, pour la plupart, ni le goût, ni le loisir de se livrer à ce genre de travail. Ceux qui l'ont entrepris ont manqué souvent de désintéressement. Ils ont abordé le problème de la connaissance, soit dans le but avoué d'apporter des preuves en faveur de leur système, soit avec le désir obscur de ne pas compromettre la solidité de leurs échafaudages d'idées. Comment alors ne pas méconnaître l'intervention d'un facteur subjectif? Suivant leur tempérament ou les tendances de leur milieu, ils étaient voués à l'empirisme ou au rationalisme.

Dans les chapitres qui vont suivre nous étudierons, en les classant sous quelques rubriques générales, les formes les plus fameuses du concept de cause efficiente ; celles qui s'échelonnent entre les idées opposées de contingence et de nécessité, de finalité et de mécanisme, de cause active et de cause simple antécédent, de finitisme et d'infinitisme. Nous réfuterons, s'il y a lieu, les théories contraires à notre manière de voir. Toujours, nous nous appliquerons à montrer que le concept communément choisi a sur tous les autres, au point de vue de la connaissance virtuelle, une supériorité incontestable et que, en fait, le sentiment de ces avantages a grandement contribué à déterminer les préférences des philosophes et des savants.

CHAPITRE II

PASSAGE DE LA CONTINGENCE A LA NÉCESSITÉ. — CAUSALITÉ NÉCESSAIRE

Les discussions relatives à la nature libre, fatale ou nécessaire de l'activité causale, tiennent, on le sait, dans l'histoire de la philosophie une place énorme. Savoir s'il existe des causes libres fut d'abord l'objet d'un très long débat entre les disciples d'Aristote et ceux de Zénon. Pendant trois cents ans, pas de philolosophe en vue qui ne se crût obligé de prendre officiellement parti pour ou contre le hasard, la destinée, la divination. Durant tout le moyen âge on se préoccupe fort des moyens de concilier la liberté humaine avec la toute-puissance et la prescience divines. Lors de l'apparition de la science moderne, la lutte entre le déterminisme et le libre arbitre fut portée à l'aigu. Elle n'est pas encore terminée. Les « philosophies de la contingence » comptent aujourd'hui d'illustres défenseurs et recrutent des partisans. L'importance et la durée de ces discussions nous invitent à étudier d'abord les concepts de cause qui les ont motivées.

Trois concepts sont ici en présence. Selon quelques philosophes, il existe des causes libres ; selon d'autres, toutes les causes doivent au moins se ramener au type de causalité par succession constante ; selon d'autres enfin, la contingence de l'effet par rapport à la cause n'existe que pour notre ignorance. Toute activité obéit à des lois rationnelles, toute cause est nécessaire.

Si peu que l'on connaisse l'histoire des idées philosophiques, on remarque vite que cette dernière forme a toujours été l'objet d'une prédilection marquée. Quel rôle infime tient dans la plupart des systèmes l'idée de cause libre ! Platon la dédaigne ; Aristote lui réserve une place timide dans le monde sublunaire ; les stoïciens n'en veulent à aucun prix. Descartes et Kant, qui la laissent subsister, la relèguent dans un domaine transcendant, hors des limites de la science.

Chose surprenante, l'idée intermédiaire de cause fatale n'est guère plus en crédit. Aucun système de philosophie ancienne n'a réussi à se constituer en faisant un emploi exclusif de ce concept. Aristote, Platon et toute l'antiquité, convaincus de ses avantages pratiques, refusent le nom de science aux disciplines qui l'emploient. L'empirisme moderne, d'abord favorable, dégénère assez vite avec Taine en France, et Spencer en Angleterre, en un rationalisme aussi intransigeant que celui de Spinoza.

L'idée de cause nécessaire attire sur elle, au contraire, toutes les sympathies. Déjà, dans les doctrines de Pythagore et de Démocrite, elle règne en maîtresse absolue. Selon Platon et Aristote, elle régit tout ce qui dans l'univers est du domaine de la science. D'après les Stoïciens, elle gouverne la nature entière. Il suffit de rappeler les doctrines fameuses de Spinoza, de Leibnitz, de Hégel, de Spencer, pour montrer, plus près de nous, la suprématie accaparée par l'idée du nécessaire. Tous les dogmatiques sont enclins à supposer que dans la cause on lit d'avance l'effet, et « qu'une seule chose peut évoquer en nous », et nécessairement, « tout le reste (1) ».

Dans les pages qui vont suivre nous allons chercher les motifs pour lesquels les philosophes se détachent si facilement des idées, plus anciennes et plus répandues, de cause libre et constante ; pourquoi la plupart d'entre eux ne voient dans la nature que des causes nécessaires.

§ I. — *L'empirisme.*

S'il faut en croire des positivistes comme Auguste Comte, Stuart Mill, Taine, Spencer, la croyance, si répandue aujourd'hui, en la nécessité des causes serait le résultat de l'observation incessante et toujours plus minutieuse des faits.

L'humanité, disent-ils, a commencé par appliquer à l'immense majorité des phénomènes le concept de cause libre. Tout ce qui déroutait la prévision était supposé le résultat d'une activité autonome. Une étude attentive a permis de voir que certaines causes, en apparence capricieuses, placées dans des circonstances rigoureusement identiques, agissent suivant une règle immuable, comme contraintes par une fatalité mystérieuse. Plus tard, à la suite d'observations nouvelles, des causes constantes sont apparues nécessaires. A mesure que s'est poursuivi le travail scientifique, on a vu s'évanouir ainsi des activités réputées libres ou fatales ; le grand nombre des résultats acquis a permis enfin de supposer que les moindres changements s'accomplissent suivant des

---

(1) Cf. PLATON : *Ménon*, 81 B.

lois nécessaires. Les récents progrès de la science, — explication mécanique des phénomènes très différents de travail effectué, de chaleur, de lumière, d'électricité, — ont commencé à vaincre les dernières résistances ; on peut maintenant entrevoir une époque où cette vérité s'établira d'une façon définitive. Le simple jeu de la connaissance sensible, sans l'intervention de facultés illusoires, expliquerait ainsi la disparition progressive des idées de cause fatale et le succès croissant du concept de cause nécessaire.

A l'encontre de cette théorie, il y aurait beaucoup à dire.

L'affirmation catégorique, intransigeante, de la cause nécessaire se rencontre surtout chez des philosophes qui n'ont pas connu le succès de la méthode expérimentale. Avant le xviiie siècle, les exemples de causes très générales, capables d'expliquer d'une façon géométrique les faits d'observation courante, étaient infiniment rares. A peine possédait-on des cas de succession rigoureusement constante. Pendant longtemps les actions les plus familières, comme le feu brûle, le froid congèle l'eau, à plus forte raison des phénomènes très compliqués, comme la croissance des plantes ou l'élevage des animaux, présentaient des exceptions fort mal interprétées. L'apparition imprévue, capricieuse, désordonnée des événements était la règle. Aussi tout ce que l'on osait affirmer sur la foi de l'expérience, c'est qu'il y a autour de nous des choses qui arrivent « la plupart du temps ». Quant à donner à la majorité des phénomènes des causes nécessaires, on n'y songeait même pas. Les mathématiques, déclare Aristote, et après lui tout le moyen âge, « étant des sciences sans matière, ne sauraient s'appliquer à la nature ». Par conséquent, lorsqu'un si grand nombre d'anciens et, chez les modernes, Descartes, Spinoza, Leibnitz, nous affirment croire à la nécessité des causes et déclarent leur opinion indépendante de la connaissance sensible, il convient de s'en tenir à leur parole ; ils n'ont pu subir l'influence de découvertes positives qui n'existaient pas encore.

Il est permis d'aller beaucoup plus loin. Les positivistes eux-mêmes se font illusion sur les origines de leur propre croyance. Celle-ci n'est pas la conséquence unique de l'observation brutale des faits.

D'abord leurs affirmations dépassent, et de beaucoup, sans qu'ils y prennent garde, les données actuelles de la science positive. Faisons sur le nombre des vérités définitivement acquises les concessions les plus larges ; évitons de nous demander avec MM. Milhaud et Duhem si les formules les plus générales de la physique ne sont pas autre chose que des fictions mécaniques défendues à grand renfort de corrections ingénieuses ; il n'en reste pas moins clair que la preuve expérimentale de la nécessité universelle est encore à faire. Nous ne possédons pas le principe unique duquel on devrait tout déduire. M. Boutroux l'a montré dans son livre de la *Contingence des lois de la nature,* chaque science apporte avec elle une somme d'éléments contingents sans liaison avec ceux qui précèdent ; d'un échelon à l'autre il existe un vide impossible à combler.

La constance rigoureuse elle-même attribuée aux lois physiques n'est pas établie d'une manière irréfutable. L'imperfection seule de nos sens ou de nos instruments de mesure autorise à dire que nous n'atteignons jamais le fait lui-même, tel qu'il se passe ;

qu'entre le chiffre enregistré et la réalité, il se rencontre toujours un écart très faible sans doute, mais suffisant pour permettre d'introduire autant que l'on voudra des atomes inaperçus de contingence et de liberté. La précision des formules mathématiques employées par les savants ne doit pas faire illusion. Toute formule est une règle que l'expérience ne vérifie jamais complètement. Les lois rigoureuses sont obtenues tantôt *a priori* à l'aide de calculs algébriques, plus souvent en prenant la moyenne entre des résultats différents. En outre, comment ne pas tenir compte de la foule des faits qui échappent à nos prises? Des milliers de phénomènes paraissent et disparaissent sans que personne au monde puisse les prévoir ou les reproduire. En biologie, psychologie, sociologie, le plus grand nombre présente encore les allures de la spontanéité à tel point que l'on se borne le plus souvent à formuler des tendances. Le domaine de l'inexploré est encore immense. Entre les mailles très lâches de la science il reste une place énorme pour la contingence et la liberté.

Afin de pallier l'insuffisance de cette preuve les empiristes se hâtent de détourner leurs yeux et les nôtres de l'état actuel des sciences. Ils nous transportent, par la pensée, dans un avenir qu'ils supposent prochain, à une époque où la connaissance positive, devenue parfaite, expliquera par déduction nécessaire les moindres phénomènes. Mais raisonner ainsi ce n'est plus s'en tenir, comme il était convenu, à l'expérience pure et simple. Sous l'influence, dirons-nous, d'un désir antécédent de déduction nécessaire, dont nous devenons facilement les complices, ils amoindrissent, à tort, la valeur des objections; ils majorent outrageusement la portée des observations favorables ; ils affirment l'universalité de la cause nécessaire, au nom de découvertes qui n'auront peut-être jamais lieu. Quiconque n'est pas d'humeur à faire à l'expérience un si large crédit échappe aux conséquences de l'argument, il a tout loisir d'admirer sans réserve le succès de la science contemporaine et de maintenir quand même l'existence des causes contingentes et libres.

La certitude en la constance et la nécessité des causes est si peu le résultat de l'expérience toute seule que nos découvertes les plus précieuses sont nées en quelque façon de cette croyance ; ce facteur supprimé, elles ne pouvaient paraître.

Pénétrons dans le laboratoire du physicien ou du chimiste, et demandons-leur comment ils procèdent.

Lorsqu'il s'agit de lois très simples, nous dira-t-on, de lois empiriques, comme « un gaz occupe un volume proportionnel à la température et à la pression », on serait tenté de croire qu'il suffit d'une recherche patiente ou d'un heureux hasard. Bacon se l'est imaginé : c'est une grave erreur. La cause est un antécédent semblable à tous les autres. Confondue et comme noyée au milieu d'une foule de phénomènes souvent plus apparents, elle peut reparaître des milliers de fois sans être reconnue. Pendant des siècles les alchimistes ont fait des expériences sans se douter qu'un corps en brûlant augmentait de poids. Personne avant Galilée ne s'était avisé de mesurer la vitesse d'un corps qui tombe. Se figurer qu'il suffit d'ouvrir les yeux et d'être attentif pour saisir la cause au passage est un bon moyen de ne jamais rien savoir.

Il convient de s'y prendre d'une manière toute différente. Le savant commence par observer sans doute, mais aussitôt il raisonne sur ce qu'il a constaté. Tous ses raisonnements reposent sur ce postulat que les causes naturelles sont constantes et nécessaires. Au nom de ce principe, il élimine sans merci tous les antécédents qui n'amènent pas d'une manière uniforme un phénomène déterminé. Rencontre-t-il un événement capable, à première vue, de produire, par voie de constance et de nécessité, l'effet visé, il l'observe de près, il l'expérimente, il lui tend des pièges, il cherche à le prendre en défaut. Si l'antécédent mis en observation échappe à toutes les surprises, si posé, il laisse voir l'effet; si enlevé, l'effet disparaît; si variant, l'effet varie aussi; si combiné avec d'autres il permet de prévoir la modification qui se produira, alors, sans chercher d'autres preuves, le savant déclare posséder la cause cherchée. D'un bout à l'autre de l'investigation scientifique, et à propos de ces lois dites empiriques, il est ainsi guidé par la pensée que toute cause libre est illusoire, que toute activité est fatale et nécessaire. Cette pensée est déjà une croyance vivace, une certitude invincible. Ce serait trop peu d'une supposition vague, d'une simple hypothèse, pour tenir bon malgré tous les obstacles, réagir contre l'opinion commune, résister à la suggestion des sensations vives qui s'imposent les premières, consacrer à des recherches minutieuses un temps très long, une attention soutenue, des sommes d'argent considérables, et ne pas se laisser décourager par les insuccès du début.

Lorsqu'il s'agit d'établir des lois théoriques comme la formule de l'attraction, l'existence et les propriétés de l'éther, les principes généraux de la thermo-dynamique, il est encore plus indispensable de croire à la nécessité des causes naturelles. L'observation directe ne permet ni de découvrir des lois de ce genre, ni de les vérifier. Son rôle se borne à présenter des faits qui, transportés tels quels dans un autre milieu ou adroitement déformés, fourniront la matière d'une hypothèse. Ne faire que des hypothèses dont la matière première, et comme l'étoffe, soit tirée de l'expérience sensible, est tout le sens de la formule fameuse : *hypotheses non fingo*. Ce principe sauvegardé, le savant n'a plus qu'un souci : « composer » une cause de laquelle se déduiront un grand nombre d'effets. Il ébauche donc une première représentation construite de telle sorte qu'elle puisse conduire par voie de nécessité au résultat désiré. Si, comme il arrive souvent, la déduction s'arrête avant le terme fixé, ou encore devient pénible, compliquée, sujette à des corrections multiples, la première hypothèse est abandonnée et remplacée par une autre. Après des tentatives souvent répétées, à la suite de retouches ingénieuses, il finit par rencontrer, disons mieux, par créer un antécédent, qui contient comme en son sein les effets que l'on prétend déduire. Alors la recherche est terminée, la preuve est faite, l'hypothèse s'appelle une loi de la nature.

Supprimez maintenant le parti pris du nécessaire, essayez d'en faire le dernier résultat de l'examen brutal des faits : vous anéantissez du même coup ces principes généraux riches de conséquences, sans lesquels l'empirisme ne sait plus comment établir notre croyance en la nécessité universelle des causes.

Résumons les divers points de cette discussion. L'explication dite empiriste nous a semblé fausse, d'abord parce qu'elle est inapplicable à tous les philosophes antérieurs aux temps modernes. Même en ce qui concerne les savants de nos jours elle est insuffisante. La science actuelle n'a pas encore la valeur probante que l'on se plaît à lui donner. On doit commencer par la supposer parfaite, c'est-à-dire avoir pleine confiance en son avenir et la compléter par un acte de foi. D'ailleurs, l'examen des méthodes employées pour découvrir les lois de la nature nous a montré jusqu'à l'évidence que la croyance en la nécessité des causes précède toujours et doit précéder la science. A tous ces titres nous écarterons comme illusoire un procédé d'explication aussi défectueux.

§ II. — *L'apriorisme.*

L'empirisme est une théorie relativement nouvelle. Pendant longtemps les philosophes ont seulement exigé de l'expérience de ne pas contredire brutalement leurs affirmations. A peine s'ils ont osé lui demander de vouloir bien confirmer de temps à autre les théories soutenues. Aujourd'hui encore un grand nombre d'entre eux n'hésitent pas à donner à leur certitude une origine *a priori*. Les uns la considèrent comme le résultat d'une claire vue de la raison ; d'autres en font la conséquence de quelques-unes des perfections divines ; d'autres enfin la déduisent de quelque principe suprême, seul directement perçu. Trois façons différentes de comprendre l'apriorisme qu'il convient d'exposer et de réfuter.

S'il faut en croire d'illustres philosophes, la raison percevrait directement, par une sorte d'intuition supérieure, et sans l'intermédiaire des facultés discursives, certaines vérités très importantes, imperceptibles aux sens. Nous aurions ainsi la certitude que tout se fait dans l'univers par voie de nécessité. « Il est de la nature de la substance de se développer nécessairement en un nombre d'attributs infiniment modifiés (1) », déclare Spinoza. Cette proposition représente au jugement du philosophe un aphorisme indiscutable. « De même que la lumière fait connaître à la fois et la lumière et les ténèbres, de même la vérité fait connaître sa propre vérité et la fausseté du contraire (2). » Pythagore, les Éléates, Platon, Aristote, tous les ontologistes modernes, quelles que soient par ailleurs les différences qui les séparent, disent la même chose.

Un autre procédé fait de la croyance en la nécessité des causes une conséquence des perfections divines. On raisonne alors à peu près de la sorte. Dieu, étant un être infiniment parfait, se doit à lui-même de donner au monde des lois aussi simples, aussi régulières que possible. Sous peine de passer pour inconstant et faillible, il doit les conserver telles quelles. Galilée, dans ses *Dialogues,* prouve ainsi que la nature obéit à des lois géométriques ; Descartes fait sortir les premiers principes de la physique de la simplicité des voies divines et de l'immutabilité du Créateur.

Enfin un dernier moyen, le plus employé, d'atteindre au déterminisme universel consiste à déduire cette affirmation d'un principe unique, déclaré inné, fondamental : *le principe de Raison suffisante.* On sait en particulier avec quelle intransigeance de logique Leibnitz, en dépit des termes de liberté et

---

(1) Spinoza : *Éthique.* Premières définitions.
(2) Idem : *Ibid.*, II, prop. 43.

de contingence qu'il conserve, arrive ainsi à démontrer que tous les événements de l'univers sont rigoureusement nécessaires.

I. — Pour ce qui est de la première théorie, il convient de distinguer soigneusement, d'une part, des faits simplement constatés et sans doute vrais ; de l'autre, l'hypothèse aujourd'hui presque universellement rejetée de l'intuition rationnelle.

Les grands spéculatifs que nous avons cités affirment ressentir à l'égard des concepts de cause libre ou simplement constante une réelle impossibilité de croire à leur réalité, ainsi qu'un attrait puissant, irrésistible, pour celui de cause nécessaire. Ils disent encore que ce dernier sentiment ressemble singulièrement à celui qu'ils éprouvent dans les cas d'évidence sensible. A cela nous n'avons rien à dire. Ils ajoutent aussi que l'évidence rationnelle suit l'acte d'une faculté spéciale, commune à tous les hommes, laquelle nous renseigne sur le monde des idées comme font les sens sur celui de la matière. Ici commence l'hypothèse, et la critique reprend ses droits.

Le motif qui a déterminé cette hypothèse peut, à juste titre, paraître inquiétant. Les auteurs ont été préoccupés, on le voit à leur langage, moins du désir purement intellectuel de préciser l'origine de leur croyance que par le souci d'assurer à leur théorie un plus grand crédit. Pour cela, ils donnent à la raison une puissance de connaître quasi divine, en tout cas fort supérieure aux sens et inégalement répartie entre les hommes. Il leur suffit alors, pour échapper aux cas embarrassants et se mettre à l'abri des attaques des adversaires, d'appeler, d'un ton hautain,

« esprits grossiers », « hommes à peine dégagés du limon de la matière », « prisonniers de la sensation », tous ceux qui ne sentent pas l'évidence de leurs affirmations.

Cette théorie pouvait à la rigueur se soutenir à une époque où, dans des écoles fermées, des disciples choisis recevaient avec admiration la parole d'un maître. Depuis l'émancipation de la pensée scientifique inaugurée par Descartes, on rencontre dans tous les camps, même les plus opposés, des esprits instruits, au courant de l'histoire des systèmes, assouplis par la pratique des mathématiques ou des sciences naturelles, ayant fait preuve en diverses rencontres d'une puissance mentale indiscutable. Lorsque des hommes d'une valeur reconnue viennent déclarer qu'ils n'éprouvent à aucun degré l'élan, en apparence spontané, qui en entraîne d'autres vers l'affirmation de la cause nécessaire, on ne saurait les considérer comme des êtres incomplets et écarter leur témoignage par une fin de non-recevoir. Alors tombe du même coup l'hypothèse commode d'une faculté supérieure, apanage de l'espèce humaine, pleinement épanouie chez quelques âmes d'élite. L'attrait indéniable des philosophes et des savants pour l'idée du nécessaire réclame une autre explication.

II. — La manière dont procèdent Galilée et Descartes provoque les mêmes remarques : l'argument n'a aucune valeur logique, il est issu d'un désir semblable.

Tout le raisonnement repose sur cette double affirmation : un être sage doit établir dans le monde des lois simples et il ne doit jamais les changer.

Voici qui est fort bien, mais qu'en savons-nous ? Assurément si un esprit semblable au nôtre, c'est-à-dire borné, incapable de se représenter dans une seule intuition et dans tous leurs détails une multitude d'êtres concrets, avait à former le plan d'un monde, il serait sage à lui de s'en tenir à des lois très simples, peu nombreuses, permettant, à l'aide de combinaisons faciles à retenir, de retrouver les moindres événements de la réalité. « Si Dieu m'avait appelé à son conseil, disait Alphonse d'Aragon, les choses eussent été beaucoup moins compliquées. » Ce mot que l'on admire n'est qu'une preuve d'égoïsme inconscient. Il signifie que nous aimerions, pour des raisons de commodité, à substituer notre entendement à celui du Créateur.

Mais s'il est vrai, comme on l'affirme souvent, que la pensée divine ne ressemble aucunement à la nôtre; si elle peut saisir par un seul acte d'attention, sans confusion et sans fatigue, un nombre infini d'événements singuliers, passés, présents ou futurs, à quoi bon des lois simples et immuables ? Il est peut-être plus beau pour un être tout-puissant de ne jamais se répéter, de se complaire, comme l'artiste, dans une série de créations toujours nouvelles et de réaliser les fins qu'il a conçues par des moyens si compliqués qu'ils défient toute autre intelligence. Vraies ou fausses, ces suppositions sont à tout le moins plausibles. En somme, nous ignorons trop ce qu'est la cause première pour être capables de déduire, même en partant de ses attributs les moins discutés, la nature libre, contingente ou nécessaire des causes secondes.

Galilée et Descartes se sont fait illusion sur la solidité d'un argument aussi fragile, ils ont évité de le soumettre à une critique sévère parce qu'ils subissaient, sans y prendre garde, l'influence d'un intérêt puissant. La preuve est toujours présentée par eux sous forme de polémique. Elle est destinée à convaincre des adversaires habitués à considérer l'existence d'un Dieu personnel comme une vérité indiscutable, et l'intellect divin comme une image agrandie de notre entendement. Étrangers eux-mêmes et mis en face d'opposants étrangers aux doctrines du moyen âge, ils auraient conservé, sans aucun doute, leur manière de voir; seulement ils auraient défendu leur opinion à l'aide d'arguments différents. Nous sommes ici en présence non de psychologues désintéressés, mais de métaphysiciens préoccupés surtout de démontrer une thèse.

III. — Reste le troisième procédé, celui d'après lequel on s'efforce de déduire la nécessité universelle du principe : « Tout a sa raison. » Platon et Aristote y ont recours. Spinoza et Leibnitz s'en servent pour écarter les idées de contingence et de libre arbitre.

Examinée de près, la formule : « Tout a sa raison » laisse voir trois sens différents. Le mot « Raison » signifie d'abord un motif de choix. On généralise un fait d'expérience, à savoir, que tous nos actes intelligents sont motivés. En ce sens timide, le principe laisse place à la liberté. — Il prend déjà une portée beaucoup plus grande si l'on suppose avec les déterministes que les motifs contraignent la volonté. Il suivrait alors, comme l'a montré Leibnitz, que les moindres événements de l'univers sont réglés d'avance. — Enfin le mot raison indique assez souvent, non une loi du vouloir, mais une simple condition d'existence, d'ordre logique et impersonnelle. On généralise ce fait que des événements, jugés d'abord contingents, apparaissent à l'esprit mieux informé rigoureusement nécessaires. La formule : « Tout a sa raison » conduit alors à la nécessité géométrique telle que la conçoit Spinoza. C'est l'exclusion complète, définitive, des idées de commencement absolu, de hasard, de contingence, de liberté, de l'indéterminé sous toutes ses formes et de quelque nom qu'on le désigne.

Maintenant lequel précède dans la pensée des prémisses ou de la conclusion ? Entendu au sens où il détruit le libre arbitre, le principe « Tout a sa raison » est-il premier, nécessaire, évident par lui-même, — ou bien ne serait-il pas une formule commode, accueillie avec bienveillance parce qu'il légitime une idée préconçue ? Nous prenons franchement parti pour la seconde hypothèse.

En raison de son importance, nous allons prouver longuement cette assertion.

Prendre l'effet pour la cause est d'abord une illusion commune. Les cas nombreux où l'esprit devient la dupe du cœur ont été maintes fois décrits par les romanciers. On éprouve, à un moment donné, le besoin de légitimer ses actes, à ses propres yeux comme à ceux d'autrui. L'avare comme le prodigue, le joueur et l'amoureux ont vite fait de trouver quelque principe honnête d'où se déduit avec une apparence de logique le bien fondé de leur passion. L'histoire des sciences nous présente, on s'en souvient peut-être, une multitude de cas semblables. Les postulats de la mécanique, les lois les plus générales de la physique ont été constituées en vue d'assurer la suite nécessaire des phénomènes. Enfin, analogie plus forte que toutes les autres, le très illustre principe d'identité lui-même, dans un des trois sens que nous allons distinguer, n'est guère autre chose qu'un postulat, une convention universellement acceptée afin de rendre possible un résultat précieux.

Entendons-nous bien. La formule fameuse : « Ce qui est, est » revêt une triple signification : les deux premières en quelque sorte objectives et métaphysiques, la troisième simplement logique. Entendue au sens métaphysique, elle signifie d'abord qu'un objet est un objet et pas autre chose ; qu'un chien est un chien, et que cet animal ne saurait être en même temps un cheval. Assurément, le fait est sûr, il l'est même d'une façon exagérée. Il serait préférable, sans doute, de dire, en termes plus intelligibles, que la pensée humaine perçoit des représentations qui se distinguent les unes des autres et que nous ne saurions confondre. Exprimer un fait d'expérience aussi familier à l'aide d'une phrase énigmatique, sous laquelle on s'attarde en vain à découvrir des pensées profondes et que personne, sauf explication préalable, n'est assuré de bien comprendre, offre peut-être des inconvénients. Quoi qu'il en soit, tel est le premier sens du principe d'identité.

Fort heureusement il y en a un second, de portée métaphysique également. Il exprime alors la croyance innée de tout esprit en la pérennité d'un rapport perçu. A parler strictement, l'affirmation d'un rapport nécessaire est un acte personnel, et relatif au moment présent. Pourtant personne n'admet que demain je puisse me contredire, ni qu'un autre se permette jamais de penser le contraire. Cette extension énorme, donnée en certains cas à une perception individuelle, constitue selon nous un des faits les plus mystérieux de la pensée; elle donne au jugement géométrique sa force convaincante spéciale. Cette vérité s'exprime encore par la formule : « Ce qui est, est. »

Enfin le principe d'identité a un troisième sens, il énonce une règle de logique, une condition indispensable de tout raisonnement : celle de conserver aux termes employés une valeur identique. Cette fois, il n'a plus aucune évidence spéciale. Ce n'est qu'un postulat forgé et conservé pour les avantages qu'il assure. Rien de plus facile que de s'en rendre compte.

Supposez que vous vous disposiez à faire un raisonnement, c'est-à-dire à rapprocher, comparer, unir ou dissocier dans votre pensée un nombre d'images parfois considérable. Votre travail mental peut durer cinq minutes, un quart d'heure, une demi-journée, des semaines, beaucoup plus même. Or, très vite, vous avez conscience de la véritable nature du raisonnement déductif. Vous savez, d'une connaissance au moins confuse, que dans toute démonstration l'esprit procède par substitutions de termes équivalents. Dans l'argument le moins compliqué de tous, dans le syllogisme, chaque concept reparaît deux fois, toujours avec la même valeur. Le procédé s'accuse jusqu'à l'évidence lorsque l'on poursuit la démonstration d'un théorème de géométrie. Par conséquent, sous peine de voir fléchir et crouler tout l'édifice de vos constructions mentales, sous peine de ne pouvoir l'établir et le continuer, vous devrez avoir à votre disposition des matériaux rigides, des pièces interchangeables, des concepts rigoureusement semblables à eux-mêmes. Pour cela, vous n'avez qu'un moyen : décréter d'une façon expresse, ou à tout le moins tacite, que « ce qui est, est », c'est-à-dire que chaque élément une fois défini ne changera pas de nature ; que, au cours de toutes les substitutions, tant que se poursuivront les opérations d'analyse et de synthèse, tout concept employé restera stable, qu'il se retrouvera toujours identique à lui-même.

Ce décret n'est pas imposé par l'observation de la réalité, il va même à l'encontre du cours normal de la nature. Tout change autour de nous, et la science moderne aboutit sur ce point à des conclusions surprenantes. Cinq minutes après que nous l'avons observé, un phénomène n'existe plus, il est déjà, en partie du moins, transformé. Il y a longtemps que cette vérité a frappé les philosophes. Les Éléates autrefois ont assez parlé du mouvement insaisissable du devenir et Platon définissait la sensation « ce qui n'est pas ». Dans ces conditions, la vérité du principe ne peut plus être dite évidente par elle-même ; ce qui est évident c'est sa nécessité, vu ce que vous voulez faire. Il est indispensable non en soi, mais à cause de la fin que vous prétendez obtenir. La fin à réaliser, voilà ce qui le légitime, ce qui lui donne un sens. Seulement, à votre insu, vous êtes dominé par des préoccupations utilitaires.

Revenons maintenant à notre sujet. S'il arrive souvent à l'esprit humain de composer de toutes pièces et de considérer ensuite comme doués d'évidence immédiate des principes destinés à légitimer des conclusions préconçues ; si cette tendance se traduit à tout moment dans la conduite de la vie, dans l'élaboration des lois de la nature ; si le principe de contradiction lui-même, au moins dans l'une de ses significations, peut être apporté en exemple, il est infiniment probable que le principe de raison n'a pas une autre origine et qu'il tient la même place dans la pensée.

Cette probabilité deviendrait une certitude si l'on arrivait à prouver que le principe de raison ne remplit pas les conditions d'une vérité nécessaire, qu'il ressemble, au contraire, singulièrement à toutes les majeures choisies après coup, en vue d'assurer une conclusion déterminée.

Comment distinguer un véritable axiome d'un principe établi pour le besoin d'une cause ?

Dès qu'il est formulé, l'axiome doit s'imposer à tous les esprits avec une autorité indiscutable. Ainsi personne ne peut mettre en doute que deux quantités égales à une troisième sont égales entre elles, que la ligne droite ne soit pas le chemin le plus court. Dans toute pensée adulte l'axiome existe déjà, avant d'être conscient, même chez les individus qui en ignorent l'énoncé abstrait. Sa présence se décèle en ce que, dans les cas particuliers, il est impossible de tenir pour vrai un fait qui le contredise. Si Pierre et Paul ont juste la taille de Jean, personne ne dira jamais que l'un est plus grand que l'autre. Enfin, est-il dit souvent, le principe de raison est tellement nécessaire que l'esprit ne pourrait s'en passer. Il est comparé « aux muscles et aux tendons » indispensables pour marcher « bien que l'on n'y pense point ».

Malgré l'autorité de Leibnitz et les affirmations répétées des manuels de philosophie, le principe de raison n'a, examiné de près, aucun de ces caractères ; il semble même à ces divers points de vue le contraire de l'axiome vrai.

1° Il s'en faut qu'il soit, sur simple énoncé, tenu, par tout le monde et aussitôt, pour évident. Cette difficulté est soluble par voie d'enquête et par voie d'analyse personnelle. Demandez à un homme du peuple, paysan, ouvrier, commerçant, après avoir donné les explications requises, s'il croit que « tout a sa raison ». Il répondra neuf fois sur dix qu'il ne le pense pas, et qu'à tout le moins il n'en est pas certain. La même question posée à vingt-cinq élèves de philosophie a donné comme résultat quatorze non et onze oui. Ces faits, contraires aux idées communément admises, perdent, pour peu qu'on les examine, leur apparence d'exception. Mettons-nous seul à seul en présence de la formule « tout a sa raison », et cherchons ce qu'elle vaut. Après un moment d'indécision, de néant de pensée, nous verrons se présenter nombre de faits et de vérités particulières dont nous connaissons la raison. Un exemple en appelle un autre, il en vient ainsi comme un long défilé. Après un temps, satisfaits, nous déclarons, en passant à la limite, — procédé qui ressemble à l'induction par simple énumération, — que décidément tout a sa raison. Supprimez ces représentations particulières, ou bien efforcez-vous de n'en pas tenir compte, la pensée reste immobile, hésitante, en face du sujet et de l'attribut de la proposition. Ainsi, même pour des esprits modelés par la pratique du raisonnement, à plus forte raison pour des ignorants, le jugement « tout a sa raison » n'est ni analytique, ni synthétique *a priori,* il n'a pas d'évidence immédiate.

2° Inutile de s'attarder à montrer que nous n'éprouvons aucune impossibilité à penser à l'encontre du principe de raison. Déjà au livre premier nous nous sommes élevés contre l'efficacité prétendue de l'idée de cause à l'aide d'arguments qui peuvent servir ici. Nous avons essayé de prouver que l'esprit, à ses débuts, n'hésite pas à considérer tous les phénomènes comme autant d'absolus, que cette attitude ne cesse pas tout d'un coup, et que, chez des hommes très cultivés, on retrouve des survivances faciles à reconnaître de cet état lointain. Sans plus chercher, quiconque admet l'existence de causes vraiment libres, introduit, ici ou là, dans la série des antécédents de l'acte, un commencement absolu. Il se permet de penser à l'encontre du principe de raison.

3º Enfin ce principe n'est pas indispensable à l'esprit autant qu'on veut le faire entendre. Quelles sont les opérations intellectuelles qui réclament son concours? On ne découvre sa présence ni dans la sensation ni dans le fait de mémoire. On aimait autrefois à le faire intervenir pour s'expliquer la croyance du vulgaire au monde extérieur. Le jugement d'existence qui accompagne nos perceptions est devenu un réflexe de la pensée, un fait premier, la loi générale de toute croyance. Les jugements dits comparatifs s'établissent sans lui. Inutile de recourir au principe de raison pour affirmer que deux personnes se ressemblent, que deux phénomènes sont successifs ou simultanés. Il en est de même, ajouterons-nous, de la plupart de nos raisonnements. Lorsque je démontre cette vérité que les trois angles d'un triangle sont égaux à deux droits, je perçois une série de rapports d'égalité entre des angles différemment placés, je n'ai que faire du principe « tout a sa raison ». La formule n'est utile, indispensable, que dans les cas très rares où l'on se demande si un phénomène donné ne serait pas la conséquence nécessaire d'un autre fait. Une préoccupation de ce genre suppose des habitudes mentales qui ne sont pas primitives; elle ne se rencontre à l'état habituel que chez de rares individualités : chez les philosophes et les savants. Le *vulgum pecus*, en grande majorité, avide de connaitre des « existences », accepte en esclave, sans les discuter, avec une résignation passive, les événements accomplis ; il ne songe pas à s'enquérir de leurs raisons démonstratives. C'est donc un abus notoire que de prétendre imposer à toute pensée humaine la nécessité d'un principe dont la plupart des hommes ne font pas usage. Il n'est pas comparable « aux muscles et aux tendons sans lesquels personne ne pourrait marcher ».

L'observateur attentif n'arrive donc pas à découvrir les effets que la présence supposée du principe de raison devrait produire. Nombre d'hommes ne lui reconnaissent aucune évidence ; ils acceptent des faits qui le contredisent; ils se permettent le plus souvent de penser sans lui. La formule « Tout a sa raison » ne remplit pas les conditions d'un axiome ; comme toutes les majeures choisies à dessein, elle n'en a que l'apparence. Par conséquent, les conclusions qu'elle légitime ne sont pas certaines *a priori*.

Ainsi, aucune des formes de l'apriorisme n'explique d'une façon satisfaisante l'antipathie des philosophes et des savants pour les concepts de cause libre et fatale, leur préférence pour celui de cause nécessaire. Ni l'intuition directe du nécessaire, invoquée par certains rationalistes, ni le recours aux perfections infinies du Créateur, ni l'emploi du principe ou mieux des principes de raison, ne fournissent une solution acceptable. Si le chemin qui conduit à l'affirmation de la nécessité universelle était vraiment si court et si facile à suivre, tout être raisonnable devrait le parcourir en entier. Il n'en est pas ainsi. Pour trouver à ces divers systèmes une valeur probante, il faut ressentir, au préalable, le besoin du nécessaire. Alors on arrive très vite à considérer comme évidents les principes sur lesquels ils reposent; et l'on éprouve l'illusion d'en voir sortir la certitude même qui leur a donné naissance.

§ III

Nous avons maintenant le champ libre. Essayons de montrer que la croyance primordiale sans cesse rencontrée au cours des études précédentes est la transformation d'un désir fort. Ce désir est motivé par la connaissance au moins confuse des avantages et des inconvénients propres à chaque espèce de cause.

Les trois concepts de cause libre, fatale et nécessaire, favorisent à des degrés divers l'établissement de la connaissance scientifique.

1° L'idée de cause libre, prise au sens d'activité complètement indépendante, rend déjà des services appréciables. Un phénomène soumis à l'action préalable d'une cause de ce genre perd en partie sa spontanéité. Il ne peut plus paraître et disparaître comme de lui-même au gré d'un hasard capricieux. Si la cause qui le domine est absente ou endormie, aucun changement ne viendra nous surprendre. Cette assurance, négative si l'on veut, a bien quelque valeur.

S'agit-il maintenant d'une liberté restreinte, subordonnée à des conditions qui endiguent pour ainsi dire l'énergie créatrice de l'agent ? On peut essayer de prédire l'effet qui naîtra. Les limites imposées à l'activité de la cause permettent d'éliminer certaines hypothèses comme irréalisables ou du moins peu probables. Parfois même il ne restera en présence que deux solutions possibles : l'affirmative et la négative. On possède ainsi une ébauche de connaissance virtuelle. Malheureusement ce ne sera jamais qu'une ébauche. Tant qu'il reste dans la cause un atome de liberté, toujours un moment survient où l'on hésite entre deux routes à suivre. La pensée s'arrête net s'il s'agit de l'avenir ; elle enregistre un fait incompréhensible s'il s'agit du passé. Interrompue ici et là, la connaissance *a priori* n'atteint jamais que des lambeaux étroits et morcelés de la réalité.

2° L'usage du concept de cause rigoureusement constante apporte une sécurité beaucoup plus grande. Dans des limites assez étendues, le passé est expliqué sans lacunes, l'avenir prévu avec une probabilité qui confine à la certitude. Le géologue retrace ainsi, en partie, l'histoire de la terre, le paléontologiste reconstitue les pièces disparues d'un squelette, le médecin pronostique dès le début le cours d'une maladie, l'ingénieur établit le plan d'une machine ou le tracé d'un tunnel.

Malgré les services rendus, l'emploi de ce concept ne donne pas encore toute satisfaction. On n'obtient jamais par ce moyen une exactitude rigoureuse. Les imperfections de nos sens et des instruments de mesure, les erreurs de nos méthodes se retrouvent fatalement dans l'énoncé des lois naturelles. Puis le nombre des faits généraux qui tiennent lieu de principes est considérable. Il s'est accru depuis deux siècles d'une façon prodigieuse. Aujourd'hui aucun savant ne peut aspirer à les connaître tous. De très bonne heure, sous peine de ne rien approfondir, il faut se spécialiser. Le rêve de connaissance universelle, caressé par les anciens philosophes et qui nous est resté si cher, doit être abandonné. Une troisième difficulté s'ajoute aux deux autres. Comment savons-nous qu'il existe des successions causales uniformes ? La part d'étendue explorée par les savants est un point perdu au sein de l'espace infini ; le passé n'est pas un garant de l'avenir. Depuis Kant, il est vrai, on s'ingénie pour donner une valeur absolue aux inductions issues de l'expérience, mais les solutions sont différentes, souvent compliquées, et l'accueil sceptique qu'elles reçoivent presque partout nous avertit de leur insuffisance. La répétition fréquente d'un même phénomène ne crée jamais en faveur de son retour qu'une haute probabilité. On a toujours le droit de se demander si les lois de la nature les mieux observées ne vont pas changer d'un instant à l'autre, si déjà elles n'ont pas commencé sournoisement leur évolution. La légitimité d'une telle hypothèse rend chancelants nos meilleurs systèmes de connaissance virtuelle.

3° Par contre, chaque fois qu'intervient la cause nécessaire, on voit s'atténuer et parfois disparaître tous ces inconvénients.

On obtient d'abord une précision merveilleuse. Les approximations au centième de seconde ou au millième de millimètre des physiciens modernes sont largement dépassées. Jamais de moyennes probables, sujettes à être rectifiées. Dans les plus mauvais cas on détermine les limites de l'erreur, et celle-ci peut être rendue plus petite que toute quantité donnée.

Surtout l'irritant problème de l'induction est résolu de suite à l'aide d'un raisonnement simple et probant, accompli par tout le monde, dans le même sens et sans y songer. Soit à démontrer un théorème quelconque de géométrie. J'ai beau ne considérer dans l'image mentale sur laquelle je raisonne que des qualités générales, la conclusion obtenue n'en est pas moins particulière : elle est relative à telle représentation du moment. Il convient de généraliser le résultat trouvé. Rien de plus facile. Le temps et l'espace sont pour tous les hommes des quantités homogènes : leurs diverses parties paraissent indifférentes à ce qu'elles contiennent, incapables de modifier les rapports des êtres. Par conséquent, toutes les fois que paraîtront les mêmes antécédents, les mêmes conséquents seront également nécessaires. Ici et là, demain comme aujourd'hui, tout événement différent sera contradictoire avec les prémisses posées. Grâce à l'inertie universellement reconnue du temps et de l'espace, une séquence nécessaire paraît, du même coup et sans conteste, universelle et constante.

Enfin, l'intervention du concept de nécessité permet de ramener nombre de lois particulières à l'unité d'une formule plus générale. La loi de Newton permet de déduire, et remplace, par conséquent, toutes les lois de Képler. A mesure que ce concept a pénétré plus avant dans les sciences physiques et chimiques, on a vu diminuer la multitude hétérogène et encombrante des recettes empiriques. Avec des éléments très simples, il a été permis de reconstruire *a priori* une partie considérable de la nature. On a même pu se figurer qu'un jour viendrait où les axiomes propres de chaque science se déduiraient de quelques principes suprêmes, peut-être même d'une seule loi initiale.

En résumé, l'idée de nécessité permet d'expliquer les phénomènes à l'aide de lois peu nombreuses, vraies partout, toujours et rigoureusement précises.

Considérés en eux-mêmes, les trois concepts que nous venons d'étudier sont donc utiles à des degrés divers, ils peuvent contribuer à établir des systèmes de connaissance virtuelle. Le dernier de tous a sur les deux autres des avantages si considérables qu'il doit un jour attirer à lui toutes les préférences. A mesure que l'idéal d'une connaissance scientifique se développera, que l'on deviendra plus exigeant sur la certitude, la précision, l'étendue de la déduction, on devra dédaigner les idées de cause libre et de cause constante, n'estimer et ne vouloir que la cause nécessaire.

L'étude de la réalité va confirmer de point en point ces considérations théoriques. Les philosophes et les savants se sont toujours montrés extrêmement préoccupés des avantages et des inconvénients que nous avons signalés; leurs préférences semblent bien déterminées par le souci du plus grand intérêt de la connaissance virtuelle.

1° Presque tous, ils reprochent surtout à la cause libre de mettre obstacle à la déduction scientifique. « Elle rend impossible toute affirmation relative à l'avenir », telle est « la preuve irréfutable », « l'argument magistral », sans cesse répété durant toute l'antiquité par les tenants du déterminisme, celui contre lequel, pendant plusieurs siècles, sont venus se heurter les efforts des disciples d'Aristote. La même difficulté se retrouve au moyen âge sous une forme différente. « S'il existe des causes libres, comment peut-il se faire que Dieu possède la science parfaite, qu'à l'avance il connaisse toutes choses. » C'est l'objection fréquemment discutée de la prescience divine. Chez les philosophes modernes domine un sentiment semblable. Spinoza écarte le libre arbitre parce qu'il le voit inconciliable avec la science rationnelle. Il crée, dit-il, « un empire dans un empire », il brise la chaîne des déductions logiques, il empêche l'esprit de passer, d'un mouvement continu, de la substance unique aux modes particuliers. Kant prend parti pour le déterminisme, dans la *Critique de la Raison pure,* parce que la thèse contraire est inconciliable avec la science telle que Newton l'a faite. Demandez enfin aux savants contemporains : physiciens, chimistes, biologistes, sociologues, pourquoi ils se montrent si rebelles à l'idée du miracle. La raison dernière, le motif suprême sera, tout comme au temps d'Aristote, de Chrysippe, d'Arcésilas, de Carnéade, que l'intervention d'un agent libre compromet la certitude de la science.

2° L'idée de cause constante est également tenue à l'écart en raison des inconvénients signalés.

Platon expose à plusieurs reprises les raisons pour lesquelles un ensemble de procédés empiriques ne constitue pas « la science ». Les principes de la science, est-il dit dans le *Théétète,* sont généraux et partant peu nombreux. Les règles sur lesquelles se fondent les arts pratiques sont relatives à des objets particuliers, elles sont nombreuses. Elles ne permettent pas d'atteindre, comme dans les mathématiques, à une précision rigoureuse. Dans la musique, l'agriculture, l'art de la guerre, l'application des préceptes ne garantit pas le succès. Dans l'architecture elle-même il reste encore une large part à l'imprévu. — Surtout ces règles expriment seulement « ce qui arrive ici ou là »; on ne peut faire fond sur elles pas plus que sur la sensation; elles ne permettent pas d'édifier une connaissance immuable, vraie partout et toujours. Aristote fera de même consister la science dans la possession de la vérité éternelle vue par l'intelligence; il fera remarquer que les connaissances pratiques expriment seulement des choses qui réussissent « la plupart du temps ». Le peu que nous savons des discussions philosophiques ultérieures montre que l'on a toujours adressé les mêmes critiques aux doctrines empiristes. Au plus fort de la lutte contre les sceptiques et les « méthodistes » on essayait d'écarter le concept de cause constante parce qu'il impliquait des lois spéciales nombreuses, peu précises et d'une stabilité problématique.

Les modernes se plaignent aussi de ces inconvénients. Apprendre et retenir un nombre considérable de lois particulières est un grave ennui pour le savant. Il cherche à s'en défaire en remplaçant, le plus possible, la cause constante par la cause nécessaire. Il suffit de le voir à l'œuvre. A-t-il découvert trois ou quatre lois spéciales, il cherche à les déduire d'un principe plus général. Chaque fois qu'une hypothèse devient trop compliquée, exige pour s'adapter aux faits des corrections multiples, elle lui devient suspecte. Il se met en quête d'un procédé d'explication plus simple grâce auquel il pourra prévoir, à moins de frais, les mêmes phénomènes. Pour nous convaincre de la supériorité de son système, il allègue, comme preuve irréfutable, les motifs de grande utilité qui ont déterminé son choix. La loi de Newton est dite vraie parce qu'elle rend inutiles les observations relatives aux mouvements des planètes, aux phases de la lune, aux successions des marées, à beaucoup d'autres choses encore. La théorie cinématique de la chaleur, les tentatives audacieuses de mécanisme universel ont été prônées en faisant miroiter aux yeux des avantages pratiques, en dressant de longues listes de lois spéciales, dont la pensée n'aurait plus à se préoccuper. Ce genre d'argument produit à coup sûr son effet. Il répond donc à quelqu'une de nos préoccupations intimes ; il indique bien l'un des motifs pour lesquels on se passe si volontiers de la constance causale.

Ce concept est encore délaissé pour le défaut de stabilité qu'il implique. Sommes-nous jamais certains qu'il existe des causes constantes ? De quel droit passer de quelques faits à tous ? La solution de cette difficulté a donné lieu à des raisonnements subtils et compliqués. La *Critique de la Raison pure* a été écrite en partie pour réfuter le « doute sceptique de Hume, lequel n'est pas recevable parce qu'il détruit la science ». Combien d'autres théories élaborées en ce sens, de Kant à M. Lachelier! Malgré le talent des promoteurs et la continuité des efforts déployés, aucune explication ne rallie tous les suffrages. On entend encore prononcer les gros mots de « pétition de principe » et de « cercle vicieux ». Que chacun interroge autour de soi et s'examine. L'idée de cause constante, établie à tout jamais au sommet de la science, inspire des inquiétudes sur la solidité de l'édifice tout entier. Elle n'a d'autre garant que l'expérience. Or, on sent trop bien, en dépit des raisons contraires, que l'expérience ne fournira jamais la certitude absolue des successions causales dont la science a besoin.

Ainsi, des origines aux temps modernes, tout le monde a senti les avantages et les inconvénients du concept d'activité constante. Les services qu'il peut rendre ont engagé les savants à lui faire un très large accueil ; les inconvénients qu'il apporte ont toujours empêché de le conserver à titre définitif.

3° Quant à la cause nécessaire, un seul fait prouvera qu'elle est puissamment désirée en raison de ses avantages scientifiques.

Les philosophes qui ont eu commerce avec les mathématiques, qui les ont aimées, Pythagore, Démocrite, Platon, Descartes, Spinoza, Leibnitz, Laplace, Spencer, ont toujours fait dans leurs systèmes une part très large, exclusive même, au concept de nécessité. Les difficultés de réalisation pratique ne les embarrassent nullement ; ils escomptent l'avenir avec une confiance tranquille qui nous a surpris. Ceux, au contraire, qui vivent éloignés de ce genre de connaissance, s'arrêtent volontiers au concept de cause libre, ou, à tout le moins, ne dépassent pas la cause constante. C'est le cas d'Aristote, occupé surtout de recherches physiologiques ; des empiristes grecs, grands détracteurs des mathématiciens, s'il faut en croire Sextus ; de Bacon, Hume, Stuart Mill, qui n'étaient rien moins que des géomètres.

Une coïncidence si remarquable est l'indice d'un rapport de causalité. Mieux que toutes les autres, les sciences exactes mettent en lumière les avantages supérieurs de la détermination nécessaire. Grâce à l'idée du nécessaire, le mathématicien voit s'établir une connaissance virtuelle certaine, rigoureuse, simple dans ses procédés, d'une richesse incomparable.

A vivre ainsi, seul à seul, dans un commerce continuel et bienfaisant, avec cette idée, il oublie ou méprise tout le reste. La liberté, la contingence, lui apparaissent comme des concepts incomplets, comme des illusions nées de l'ignorance. Quand on a une fois éprouvé les bienfaits de la connaissance rationnelle, disent Platon et Spinoza, il n'est pas besoin d'autre preuve pour croire à sa réalité. Faites maintenant décroître la claire vue de ces avantages, remplacez par de simples considérations théoriques une pratique de tous les jours. La séduction puissante du nécessaire va s'atténuer. Les difficultés de plier à cette idée les événements naturels se feront jour. On est ramené, par le besoin, vers les idées de liberté ou de contingence et on accuse les adversaires d'avoir « trop sacrifié au démon de la géométrie ».

Rappelons la suite des idées développées au cours de ce long chapitre. Nous avons commencé par nous demander pourquoi les philosophes et les savants avaient tendance à délaisser les concepts de cause libre et fatale; pourquoi ils éprouvaient une si vive sympathie pour celui d'activité nécessaire.

Les motifs allégués par les écoles empiristes aussi bien que par les écoles rationalistes nous ont semblé comme entachés de préoccupations métaphysiques et, en tout cas, très insuffisants. La croyance en la nécessité universelle des causes n'attend pas les progrès de l'expérience; elle n'est pas davantage le résultat d'une puissance mystérieuse ou la conséquence de principes innés. Elle dépend de motifs utilitaires. Mieux que toutes les autres, l'idée de cause nécessaire facilite l'établissement de la connaissance virtuelle. Les philosophes l'ont bien senti. Les critiques habituellement dirigées contre les idées de cause libre et de cause fatale tendent à montrer ces concepts non comme contradictoires en soi ou peu conformes à l'expérience, mais comme incommodes, inconciliables avec les besoins de la science. Les géomètres dépassent tous les autres par l'ampleur et l'intransigeance de leurs affirmations. Pour ces diverses raisons, nous jugeons plus conforme à la réalité de considérer l'état d'esprit dont nous cherchons l'origine comme la conséquence d'un besoin prédominant de science rationnelle.

CHAPITRE III

CAUSES INTENTIONNELLES ET CAUSES AVEUGLES. — FINALITÉ ET MÉCANISME.

Il existe encore une lutte séculaire entre les idées opposées d'activité intentionnelle et d'activité aveugle : entre le finalisme et le mécanisme. Ces deux doctrines, formulées presqu'aux origines de la philosophie grecque, ont toujours été ardemment discutées. Démocrite enseigne que toute chose est le résultat d'un concours fortuit d'atomes. Presque à la même époque Anaxagore accorde à la « pensée prévoyante » le rôle principal dans l'organisation du monde. Socrate, Platon, Aristote, prennent à parti les atomistes de leur temps ; ils s'efforcent de démontrer contre eux l'influence efficace de l'idée du « Bien ». Nous voyons les stoïciens sans cesse aux prises avec les disciples d'Épicure. La lutte, très atténuée au moyen âge, grâce au triomphe incontesté du finalisme théologique, reprend de plus belle dans les temps modernes. Bacon, Hobbes, Descartes, Spinoza, préparent au mécanisme une éclatante revanche ; l'école positiviste se pose en adversaire déclarée de l'idée de finalité. Cependant cette idée s'obstine à ne pas mourir. Une multitude d'ouvrages publiés au XVIIIe siècle en France, en Angleterre, en Allemagne, prennent sa défense. Récemment, des philosophes comme

Ch. Levesque, Ravaisson, Secrétan, Renouvier, d'autres encore, ont prétendu conserver des droits à l'antique concept de cause finale.

L'affirmation du finalisme ou du mécanisme n'est pas le moins du monde, comme on serait parfois tenté de le croire, une affaire d'humeur et de caprice. Les partisans de ces deux systèmes obéissent à une pensée commune : assurer le mieux possible la connaissance virtuelle des phénomènes. Seulement ils se séparent à propos des qualités qu'il convient d'exiger en premier lieu de cette connaissance. De là des divergences d'opinions dont notre théorie permet de rendre compte.

§ I. — *Théories finalistes.*

Considérons d'abord les partisans de la cause finale.

I. — Ils refusent de s'en tenir au mécanisme intégral, parce que ce système explique mal, disent-ils, deux groupes de phénomènes plus importants que tous les autres : la beauté des formes et la « convenance des parties ».

Ces deux propriétés des êtres étonnent et captivent les défenseurs de la finalité. Platon et Aristote y sont particulièrement sensibles. L'idée seule de la beauté jette Platon dans une sorte d'extase. « L'homme, en apercevant la beauté sur terre, se ressouvient de la beauté véritable, prend des ailes et brûle de s'envoler vers elle... De tous les genres de délire, celui-là est, selon moi, le meilleur... Or, celui qui ressent ce délire et se passionne pour le beau, celui-là est désigné sous le nom d'amant... Quelques âmes seulement conservent des souvenirs assez distincts; celles-ci, lorsqu'elles aperçoivent quelque image des choses d'en haut, sont transportées hors d'elles-mêmes et ne peuvent plus se contenir. » Alors l'âme, portée par les ailes du dieu Éros, s'élance à la poursuite d'une beauté de plus en plus parfaite. De la beauté des corps, elle passe à celle des actions humaines, et de là à celle de l'intelligence, « où elle contemplera la beauté des sciences. Ainsi arrivée à une vue plus étendue de la beauté..., toute entière à ce spectacle, elle enfante avec une inépuisable fécondité les pensées et les discours les plus magnifiques de la philosophie (1). » Platon trouve même une beauté spéciale aux diverses formes des triangles : « Il faut donc, parmi ces triangles qui varient à l'infini, choisir le plus beau si nous voulons procéder par ordre Si quelqu'un en a trouvé un autre plus beau que celui que nous avons choisi, son avis, reçu comme celui d'un ami et non d'un ennemi, aura la préférence. Mais nous jugeons que parmi cette multitude de triangles il y en a une espèce plus belle que toutes les autres (2). »

Aristote a écrit un livre entier sur l'harmonieux accord des « parties des animaux ». Son style habituellement si froid prend alors le ton de l'enthousiasme. « Dans toutes les œuvres de la nature il y a quelque chose d'admirable. » — « Même dans ce qui peut ne pas flatter nos sens, la nature a si bien organisé les êtres, qu'elle nous procure à les observer d'inexprimables jouissances. Il ne faut apporter aucun

(1) *Phèdre*, p. 250, traduction Cousin.
(2) *Timée*, 53-54.

dédain dans l'étude des êtres, car en chacun d'eux éclate quelque convenance naturelle qui s'y rencontre non par l'effet du hasard, mais essentiellement en vue d'une fin (1). » Tous les grands défenseurs des causes finales, Socrate, les stoïciens, Plotin, Leibnitz, Hégel, considèrent comme une chose digne d'admiration l'existence de la beauté dans la nature et l'accord harmonieux de ses parties.

Or, sur ces deux points, le mécanisme des anciens comme celui des modernes est insuffisant. Démocrite et les épicuriens supposaient que, dans la suite indéfinie des siècles, les tourbillons d'atomes avaient le temps d'ébaucher des productions de toutes sortes. En vertu d'un hasard heureux et sans avoir été prévus par une intelligence, des êtres devaient survenir à la longue, doués de beauté, capables de vivre et de se reproduire. Les finalistes grecs refusent d'accepter une semblable explication. Autant croire, réplique Aristote, qu'en jetant en l'air les lettres de l'alphabet, on arrivera à recomposer l'*Iliade*. La rencontre opportune des particules de la matière exige, dit Platon, une cause spéciale ; la « nécessité » toute seule est impuissante à rendre compte du monde tel qu'il est formé. Les modernes font valoir en faveur de la finalité des arguments de même nature. Ils accordent que depuis Démocrite l'explication par la cause efficiente a fait des progrès merveilleux. On a prouvé, en maintes occasions, que tout dessin ne suppose pas un dessinateur. Les arabesques tracées par l'archet sur une plaque vibrante, la spirale décrite par une bulle de gaz qui s'élève dans l'eau, suivent la ligne de moindre résistance, c'est-à-dire

---

(1) Aristote : *De parti. animal.*, I, 5, 645.

de l'unique possibilité. De même, l'influence des milieux, combinée avec les lois de l'hérédité, explique en partie les formes animales et les adaptations organiques. Seulement il s'en faut que tous les exemples d'harmonie et d'adaptation s'établissent avec une rigueur semblable, en fonction de lois mécaniques. Les phénomènes les plus intéressants de la vie végétale, animale ou sociale, sont ramenés au mécanisme universel en vertu d'une affirmation gratuite, résultat d'analogies hâtives et d'hypothèses non prouvées. Les admirateurs fervents du beau et du bien ne sauraient se contenter d'une démonstration aussi faible. C'est pourquoi ils s'obstinent à penser, avec M. Lachelier, « que la nature laissée au mécanisme aveugle retournerait au chaos d'Épicure », et qu'une explication complète, adéquate du réel, ne saurait être fournie si l'on ne fait intervenir la cause finale.

II. — Mais pourquoi choisir telle forme de cause finale de préférence à toutes les autres?

Le concept vulgaire imposé par des habitudes d'enfance, sanctionné par l'opinion courante, et duquel on a dû partir, n'est pas conservé par les philosophes.

Ce concept comprend, entre autres, les quatre caractères suivants : 1° La cause intentionnelle opère sous l'influence d'un besoin de la sensibilité. Elle a pour but de procurer son propre bonheur ou celui d'un être aimé. Le Jupiter des Grecs est égoïste ; il agit par vanité, jalousie, sensualité. Plus tard, la divinité deviendra une Providence; elle aura souci du bien-être de l'espèce humaine. Jamais, dans la pensée du vulgaire, elle n'aura pour but de satisfaire les exigences, en quelque sorte impersonnelles, de la raison. 2º La cause suprême n'est pas non plus constante en ses désirs. Tôt ou tard, la fin qu'elle poursuivait disparaît et fait place à une fin différente. Il n'existe pas de fin stable. 3º De même, aucune fin n'exerce sur la réalité une influence étendue, encore moins une influence universelle. Le primitif conçoit mal tous les êtres étroitement associés en vue d'un plan d'ensemble. Il les ordonne plus volontiers par rapport à des fins spéciales, indépendantes et souvent hostiles, comme il fait les individus autour du chef de chaque tribu. 4º Dernier caractère : la cause intentionnelle suppose la présence d'un intermédiaire conscient. La supposition d'un but, détaché de toute substance et capable de mouvoir directement la matière, ne se rencontre pas dans la pensée du vulgaire. — En résumé, l'idée de cause intentionnelle, sous sa forme première, suppose l'existence d'une fin qui est d'ordre sensitif, qui ne dure qu'un temps, qui possède une influence restreinte et réclame pour être réalisée l'intermédiaire d'un sujet actif et conscient.

Sur tous ces points, les philosophes finalistes ont réformé la conception primitive.

1º Très vite le terme de l'action cesse d'appartenir au domaine de la sensibilité, il relève exclusivement des besoins intellectuels. L'idée juive d'un monde créé pour manifester la gloire du Tout-Puissant n'a pas de représentant dans la philosophie grecque. De même, l'hypothèse d'un ensemble organisé en vue du bien-être physique de l'homme, souvent défendue par Socrate, passe à l'arrière-plan dans les systèmes finalistes de Platon et d'Aristote. Galilée, Leibnitz, Kant, se sont fait un malin plaisir de relever les erreurs commises dans tous les siècles par les partisans de l' « anthropocentrisme ». Aucun philosophe, aujourd'hui, n'ose soutenir une semblable théorie.

Suivant l'opinion courante des philosophes, le monde est construit pour être regardé ; la nature est ordonnée de façon à satisfaire les besoins de l'intelligence. Le mot de « bien » désigne avant tout une représentation agréable à l'esprit. « On était venu chez Platon », nous raconte Aristoxène, disciple immédiat d'Aristote, « croyant entendre parler de ce qui s'appelle biens parmi les hommes, de richesse, de santé, de force, en un mot de quelque merveilleuse félicité, et lorsque arrivaient les discours sur les nombres et les mathématiques et la géométrie et l'astronomie..., tout cela semblait fort étrange ; les uns ne comprenaient pas, les autres s'en allaient (1) ». — D'après Aristote, la fin de l'Univers, son « bien », consiste à reproduire dans la mesure du possible l'Acte pur, lequel est la « Pensée » parfaite. Pour les stoïciens, ainsi que plus tard pour les néo-platoniciens, le Monde c'est le « Cosmos », c'est-à-dire l' « ordonné », un ensemble harmonieux dans lequel la raison saisit avec bonheur l'utilité de chaque chose. Enfin, selon Leibnitz, la perfection d'un être consiste surtout à présenter à l'esprit le spectacle de l'unité parfaite jointe à une variété très grande. Ces deux propriétés d'ordre tout intellectuel se retrouvent partout dans le système des monades ; le monde actuel est supposé les présenter au plus haut degré, et cette qualité suffit pour qu'il soit déclaré par Leibnitz le meilleur possible.

2° Précaires au jugement du primitif, les fins de

---

(1) Cité par MILHAUD : *Les Philosophes géomètres*, p. 194.

la nature sont stables aux yeux du philosophe. Établies souvent « à toujours », elles persistent, à tout le moins, pendant une très longue période de temps.

Platon, Aristote, appellent les « Idées » les modèles éternels des choses. Les pythagoriciens et beaucoup plus tard Copernic, Galilée, admettent la fixité inébranlable des relations numériques simples, instituées par le Créateur. Les stoïciens enseignent, il est vrai, qu'un jour le monde sera détruit, mais la période d'équilibre comprend une longue série de siècles. Ils aiment même à supposer que le feu divin, après un temps de recueillement, produira un monde exactement semblable au nôtre. Leibnitz ne pose pas seulement une fin suprême immuable; il la démontre telle. La nécessité imposée à la monade suprême de choisir en tout le parti le meilleur empêche un créateur, au jugement infaillible, d'abandonner jamais le plan général qu'il a commencé à poursuivre.

3º Au-dessus des fins spéciales, de portée restreinte, les philosophes s'efforcent d'établir une fin, dite suprême, à laquelle se rapportent tous les évènements de l'univers. Les types éternels de Platon sont mis sous la dépendance de l'idée du bien « soleil des idées ». — « Si quelqu'un veut trouver la cause de chaque chose », lisons-nous dans *Phédon*, « comment elle naît, périt ou existe, il n'a qu'à chercher la meilleure manière dont elle peut être. » D'après Aristote, tous les êtres, du minéral à l'homme et de celui-ci aux astres « bienheureux », s'efforcent de reproduire, autant qu'il est en eux, les perfections de l'Acte pur. D'après les stoïciens, le bien de l'ensemble détermine la place de chaque individu dans le « cosmos »; c'est pourquoi « rien n'est vil dans la maison de Jupiter ». De même, chez les alexandrins, de même chez Leibnitz, chez Hégel, les fins particulières, seules admises par les primitifs, conditionnent des fins générales subordonnées elles-mêmes à quelque fin suprême de portée universelle.

4° Enfin, dernière transformation, plus étrange que toutes les autres. D'après quelques philosophes, et non des moins illustres, la fin se pose et se réalise elle-même, sans aucun intermédiaire. L'Idée platonicienne possède une existence concrète, indépendante; elle est directement la raison d'être de l'ordre, de l'harmonie qui existe dans les choses. « On croit en vérité, dit Socrate dans le *Phédon,* que le bien et la convenance ne peuvent ni unir ni relier..... La propriété d'être disposé de la meilleure façon possible, nul ne la cherche ni ne lui attribue une efficacité divine, mais on pense trouver quelque Atlas plus puissant, plus immortel, plus propre à tout unir... (1). » De même, d'après Aristote, la matière est éveillée de son sommeil et de son inertie par la seule présence de formes immatérielles qui ressemblent singulièrement à des représentations élevées à la dignité de substances. Des conceptions semblables se rencontrent, fréquentes, dans l'histoire de la philosophie. Des panthéistes, comme J. Bruno, Schopenhauer, mettent dans la nature des tendances sourdes, des instincts plastiques, principes efficaces du changement. « L'idée directrice » de Claude Bernard est encore un exemple de finalité directe et inconsciente. Le système de Hegel marque sans doute le point extrême atteint dans cette direction. Ici l' « Idée » n'agit plus seulement sur une matière

(1) *Phédon,* 99, b. c.

étrangère qu'elle pétrirait à sa fantaisie ; elle se transforme en matière avant de devenir la série des êtres qui la représentent. « L'Être n'est que le concept se réalisant lui-même..., l'essence se cherchant et se trouvant par degrés ; la nature est la fin extériorisée... Dieu n'est pas, il se fait (1). »

Dans la pensée des philosophes, le concept primitif de cause intentionnelle a donc subi des modifications profondes. Il en est venu à désigner une simple idée, détachée de toute substance, immuable, de portée universelle et capable de poser, sans secours étranger, la série des moyens qui la réalisent.

Le désir, toujours présent, d'assurer, autant que faire se peut, la connaissance *a priori* des phénomènes, est le motif véritable de ces transformations.

1º Telle est d'abord la raison pour laquelle les fins d'ordre sensitif sont abandonnées et remplacées par des fins d'ordre intellectuel.

Les faits observés ne nous empêchent pas, bien loin de là, de considérer l'univers comme la manifestation voulue des perfections du Créateur. L'immensité de la nature, sa puissance redoutable, son éternité, tout, jusqu'aux merveilles de l'infiniment petit, contribue à donner aux hommes le sentiment du sublime. Les cieux, disent la *Bible* et les poètes, « chantent la gloire de Dieu ».

Mais cette hypothèse présente le très grave inconvénient de ne pas favoriser suffisamment la connaissance déductive. Un être tout-puissant possède tant de moyens de « manifester sa gloire » que l'existence des mers, des montagnes et des étoiles ne semble pas

---

(1) HEGEL : *Système de la nature*, passim.

la conséquence inéluctable d'un tel désir. Une nature toute différente produirait également bien, mieux peut-être, le résultat cherché. Le monde que nous voyons ne se laisse pas déduire du principe donné.

Le même inconvénient subsiste si l'on assigne à la Création, comme fin suprême, le bien-être de l'humanité. Au temps où les philosophes se contentaient de jeter à la hâte sur la nature un regard distrait, des faits importants semblaient recevoir de cette hypothèse une explication suffisante. Aussi la rencontrons-nous, à titre subsidiaire, il est vrai, dans les ouvrages de Platon et d'Aristote. Avec les temps modernes, l'observation agrandie en tous sens, poussée jusqu'à l'analyse minutieuse des phénomènes, a révélé des événements complètement étrangers au bonheur de l'espèce humaine. A mesure que sont apparus plus nombreux ces faits irréductibles, la théorie « anthropocentrique » a vu décroître son crédit. Elle a été abandonnée puis combattue par des philosophes amis de la finalité, sans doute, mais plus soucieux encore de comprendre en une synthèse logique l'universalité des faits constatés.

Par contre, il est avantageux de concevoir la nature comme destinée à satisfaire la « raison impersonnelle ». Depuis le temps de Pythagore, l'esprit humain n'a cessé de découvrir, sous la mobilité changeante des phénomènes, des cas d'uniformité qui facilitent prodigieusement le travail du philosophe. La persistance des caractères typiques, ainsi que l'existence des rapports numériques simples entre événements différents, ont toujours semblé, à bon droit, des faits très importants. Prises en elles-mêmes, les lois générales se présentent, pour la plupart, isolées, indépendantes, comme autant d'absolus. Pour les réunir et, de contingentes qu'elles paraissent, les rendre nécessaires, il suffit d'en faire la conséquence d'un besoin de simplification, de proportion, d'harmonie, répandu partout dans la nature. Auparavant, elles provoquaient notre étonnement, maintenant nous pouvons les déduire des exigences de la raison.

Cette théorie ne limite pas ses bienfaits aux vérités déjà découvertes; elle autorise, en outre, des espérances en quelque sorte infinies. Si la raison gouverne le monde, tout être raisonnable devient capable de découvrir en lui-même, par simple réflexion, les lois de la nature. Plus besoin d'emprunter le secours des sens, insuffisants, paresseux et trompeurs. Partant de ce qui semble préférable à la raison, Platon, dans le *Timée,* expose la forme du monde, le nombre des planètes, les éléments premiers de la matière, les principales combinaisons des corps simples. Avec plus d'audace encore, Aristote établit sur des principes semblables, et donne comme absolument certaines la plupart de ses affirmations de métaphysique, physique, psychologie, zoologie, éthique et politique. Leibnitz prétend que si, en apparence, tout se fait mécaniquement dans la nature, tout, en réalité, obéit à des lois de sagesse dictées par l'entendement. Tenir compte des exigences de l'esprit est une méthode précieuse, même en physique; c'est la seule possible en métaphysique. Une pensée suffisamment puissante pourrait ainsi retrouver, sans sortir d'elle-même, les moindres événements de l'univers.

Il suffit de feuilleter les écrits de Platon, d'Aristote et de Leibnitz, pour s'apercevoir que des considérations de ce genre ont fortement contribué à déterminer leurs préférences. Mieux que toutes les autres, l'hypothèse d'un « cosmos » ordonné en vue de plaire à la raison, rend nécessaires une foule de vérités jusque-là considérées seulement comme très importantes ; elle donne au méditatif l'espoir d'en découvrir sans trop de peine une infinité d'autres.

2º Des fins stables, substituées aux fins passagères du vulgaire, facilitent également la connaissance scientifique. La preuve est si commode à saisir qu'il suffit de l'indiquer.

Supposons que le *primum movens* ordonne tout ou partie du monde en vue d'une fin établie pour toute la durée des siècles : les lois spéciales chargées de réaliser cette fin persistent également, elles sont immuables. Le présent nous permet alors d'imaginer le passé et d'inférer l'avenir. Mais si le but d'après lequel sont ordonnées les synthèses naturelles est destiné à changer, la science actuelle devient un simple chapitre de l'histoire du monde. Un jour à venir elle n'aura plus qu'un intérêt rétrospectif. Comment alors se représenter l'état nouveau qui naîtra ? Il faudrait déterminer les caractères des fins qui se succéderont et faire à coup sûr, entre les moyens de les réaliser, un choix conforme à celui du Créateur. Ce travail est pénible, compliqué, hasardeux. Soucieux de ménager et son temps et sa peine, le philosophe n'hésitera guère. Il écartera l'hypothèse d'une science instable, il supposera éternelles les fins suprêmes de la nature.

3º Il va sans dire que la connaissance virtuelle sera plus facile encore si les fins particulières sont ramenées à quelques fins très générales, à plus forte raison si une fin unique, de portée universelle, les englobe toutes.

Par ce moyen, on arrive à diminuer le nombre des faits premiers, des absolus au-delà desquels on ne remonte pas. Si la nature réalisait chaque être d'après un modèle spécial, comme le soutenaient les nominalistes du moyen âge, la considération des causes finales, aussi nombreuses que les individus, n'apporterait pas à la pensée un grand soulagement. Il est plus avantageux de croire avec les réalistes que la nature reproduit indéfiniment quelques types très généraux. Ce n'est pas, comme le dit méchamment Aristote, « doubler les êtres afin de les mieux compter ». Mieux vaut pour la pensée avoir affaire aux modèles éternels de Platon qu'aux êtres concrets infiniment plus nombreux, ondoyants et divers formés à leur image. Mais les difficultés du multiple et de l'hétérogène, atténuées, persistent néanmoins. L'attention se fatigue à considérer tant de types si différents; la mémoire, débordée, renonce à les retenir. Tout le monde s'est rendu compte de ce double inconvénient. Rappelez-vous les critiques adressées de tout temps aux formes substantielles, aux puissances occultes, aux facultés spéciales, aux entités innombrables, bariolées et mal disciplinées de la physique ancienne. La promptitude avec laquelle le finalisme transformiste, à peine ébauché, a supplanté dans la pensée des savants l'antique créationisme, en est encore la preuve. On ne s'aventure pas en disant que Platon et Aristote avaient déjà senti le point faible de leur système. Ils ont essayé de faire dépendre, soit de l'Idée du Bien, soit de la perfection de l'Acte pur, les fins particulières réalisées dans les individus, afin de ne pas maintenir l'esprit comme en arrêt, en face d'un trop grand nombre de notions inexplicables.

Une fin suprême rigoureusement universelle introduit un autre avantage : elle permet d'éliminer la part de mécanisme qui persiste habituellement dans les explications par la cause finale.

En effet, l'explication par la cause finale implique le plus souvent une large part de mécanisme. On fait appel à tout moment aux propriétés des corps, aux lois aveugles de la nature. Le monde visible, déclare Platon, semble le résultat d'un compromis entre le principe du bien ou de l'harmonie et celui du nécessaire ou du mécanisme. La supposition de fatalités inéluctables donne à la connaissance des fins un prix qu'elle n'aurait pas sans cela. Puisque la nature oppose à nos désirs des lois rigides, telles que l'effet attendu ne se produira jamais si certains antécédents ne sont posés, si d'autres ne sont écartés, l'existence d'un but à réaliser fait apparaître nécessaires une multitude de phénomènes qui autrement resteraient contingents. Mises en relation avec leur fin commune, toutes les parties d'un être ou d'une machine deviennent aussitôt utiles, indispensables même.

Malheureusement l'intervention du mécanisme compromet l'unité de la méthode. Un esprit amoureux d'uniformité sera choqué par le voisinage d'éléments si disparates. Aussi les finalistes convaincus ont toujours prétendu ramener à des lois de sagesse les principes aveugles du mécanisme. Platon, Aristote, soutiennent déjà que les causes efficientes et les causes finales ont trait à la même série d'événements, considérés en sens inverse; ce qui est pour les sens succession fatale devient chez eux, au jugement de la raison, activité intentionnelle. Avec plus d'intransigeance encore, Leibnitz a repris cette thèse. Il supprime complètement la faible dose de nécessité aveugle laissée dans la matière par Platon et Aristote. Rien dans la nature n'échappe, d'après lui, « au choix de la sagesse ». Les lois mécaniques sont toutes « des lois contingentes de convenance ». — « Les forces dérivées ou impétuosités découlent de la perception du bien et du mal, ou de ce qui convient le mieux ; les causes efficientes dépendent ainsi, sans exception, des causes finales. »

Seulement il ne suffit pas d'affirmer, il faut donner des preuves. Comment s'y prendre pour dévoiler l'illusion de ceux qui ne voient dans la nature que des fatalités aveugles? Le moyen le plus commode consiste à formuler une fin suprême, de portée universelle, d'où l'on s'efforce de déduire les lois les plus générales du monde physique. Ainsi procèdent, en effet, Platon, Aristote, Leibnitz. Le premier cherche à montrer que les parties constitutives des quatre éléments, feu, air, eau, terre, sont conformes au dessein du démiurge de réaliser en tout le beau et le bien.

Le second explique la tendance au mouvement par un désir obscur, commun à tous les êtres, d'imiter une perfection plus haute. Leurs moindres propriétés sont comme un reflet de la beauté suprême, « cause de tout par l'amour qu'elle inspire ». Le troisième, enfin, présente la loi d'égalité entre l'action et la réaction, la marche suivie par un rayon réfléchi ou réfracté, comme des faits conformes au principe du meilleur qui domine la nature entière. L'hypothèse d'une fin suprême, rigoureusement universelle, permet donc de ramener le mécanisme au finalisme. Elle diminue, en outre, comme nous avons vu plus haut, le nombre des faits inexpliqués. A tous ces titres elle doit plaire au philosophe.

4° Maintenant pourquoi supprimer entre l'idée et

sa réalisation l'intermédiaire conscient que le vulgaire ne manque pas d'y placer?

Certaines expériences familières, où des indices de finalité ne sont pas accompagnés des marques habituelles de l'activité consciente, pourraient être invoquées ici. Nous avons peine à donner à la plante une vie sensible ; on admet cependant qu'une activité spéciale élabore la sève et la dirige pour des buts, semble-t-il, faciles à déterminer. De même nous plaçons volontiers dans le corps de l'homme une énergie spéciale qui, avec intelligence, le façonne, le conserve et le répare. L'introspection la plus attentive ne découvre pas en nous une représentation anticipée des fins réalisées. Ainsi, hors de nous, en nous-mêmes, la nature nous invite à supposer des activités à la fois intentionnelles et inconscientes.

Mais plus souvent et d'une façon plus certaine nous percevons des fins dont la réalisation a comporté au préalable une suite d'images et de sentiments conscients. Une observation contraire, reconnue étroite et sans doute incomplète, n'autorise pas à concevoir sous une forme différente l'action des causes premières. D'ailleurs les philosophes les plus hardis ne se contentent pas de faire évanouir l'élément conscient, ils suppriment également la substance agissante. Leur abstraction ne retient que l'Idée pure, laquelle, seule, par son influence propre, met en mouvement la matière. Or, un esprit fidèle à l'expérience ne songe à rien de semblable. Cette théorie provoque en lui une sorte de scandale. Il voudrait croire que les mots trahissent la pensée vraie des auteurs. Il doit faire un effort pénible pour cesser d'adjoindre à l'idée d'un but la représentation d'un intermédiaire substantiel porteur de l'énergie efficace.

La conception du finalisme de l'idée pure ne repose donc ni sur l'expérience, ni sur les premiers raisonnements qu'elle suggère. Il convient de chercher autre chose.

Nous rencontrons l'explication désirée dans ce fait que le philosophe, préoccupé de déduire, trouve à cette simplification un réel avantage. La présence d'un intermédiaire, quel qu'il soit, entre l'idée et ses effets physiques, complique sans profit la suite des raisonnements, contribue même à rendre les conclusions incertaines. N'oublions pas en effet que le rôle de la pensée est souvent d'entraver la force motrice des images, d'empêcher qu'elles ne se réalisent. D'après l'opinion courante, que d'étapes à franchir avant que l'idée commence seulement à « s'extérioriser »! Elle doit apparaître dans une conscience, provoquer un désir, être jugée possible; puis, après délibération, être voulue par une autre faculté chargée de mettre en liberté une dose suffisante d'énergie motrice. Toutes ces actions sont extrêmement obscures. Transportées au sein de la cause première, elles se compliquent en outre de difficultés spéciales : impossibilité de comprendre la présence d'un désir chez un être parfait ainsi que les rapports qui l'unissent au monde. En somme beaucoup d'embarras, beaucoup d'incertitudes si l'on veut s'en tenir au concept vulgaire de cause intentionnelle.

Ces inconvénients disparaissent en partie lorsque l'idée de fin est dotée d'une existence et d'une activité indépendantes. Les actions et les réactions mystérieuses de l'idée sur la sensibilité, du désir sur l'activité, de l'esprit sur la matière, se trouvent écartées. La déduction des phénomènes se rapproche d'une démonstration de géométrie. Que l'on se rappelle la manière élégante dont Platon, dans le *Timée*, établit la forme des éléments premiers. Il part de ce principe que tout dans la nature se conforme à la loi du meilleur. Or les figures géométriques offrent à la pensée des perfections très grandes, et la plus belle de toutes est le triangle équilatéral. Conséquence immédiate : les éléments premiers sont des assemblages de triangles parfaits. Grâce au parti pris d'écarter tout intermédiaire entre la représentation de la fin et ses effets physiques, la déduction devient courte, facile à suivre, plus certaine; on obtient un meilleur système de connaissance virtuelle.

Sans doute cette manière de concevoir la cause intentionnelle soulève des objections. Outre qu'elle choque grandement nos habitudes de pensée, elle n'est pas sans danger pour la connaissance. Il est illégitime, dira-t-on, de ne pas tenir compte d'intermédiaires, inutiles sans doute au point de vue spécial de la déduction, mais indispensables si l'on tient à se représenter les faits tels qu'ils se passent. Elle favorise en outre une tendance fâcheuse. Un philosophe embarrassé aura toujours la tentation de réaliser l'idée du résultat et de transformer une simple représentation en cause finale agissante. On verra ainsi reparaître les « lutins de facultés », chers aux physiciens du moyen âge, lesquels accomplissaient « sans mains et sans outils » tout ce qu'il fallait expliquer. Mais qu'importe aux philosophes l'étrangeté d'une conception devenue vite familière? Ils espèrent d'ailleurs en ne l'employant qu'à bon escient échapper aux risques auxquels elle expose. Ce mode de représentation est utile, et l'expérience n'interdit pas d'y avoir recours. Des esprits passionnés de déduction logique doivent sans hésiter le tenir pour légitime.

Le besoin tant de fois constaté de déduction rationnelle permet donc de rendre compte des modifications imposées par les philosophes à l'idée courante de la cause finale. Pour faciliter la liaison logique des phénomènes, le concept primitif a été refondu presque en entier. Les fins, d'ordre sensible, sont devenues intellectuelles ; instables et particulières au jugement de l'ignorance, elles sont apparues, aux yeux des savants, immuables et universelles ; réalisées par l'intermédiaire d'un être conscient, elles en sont venues à produire elles-mêmes des effets physiques. Le même désir avait déjà déterminé, on s'en souvient sans doute, le parti pris général de ne pas se contenter des causes efficientes, d'accorder aux causes finales la suprématie dans l'univers. Ainsi s'expliquent, conformément à notre théorie générale, et l'existence du finalisme et les formes particulières qu'il a revêtues.

§ II. — *Théories mécanistes.*

Des motifs d'ordre scientifique permettent également de rendre compte de l'existence d'un système mécaniste et des formes spéciales sous lesquelles il se présente.

I. — Le concept de cause aveugle, comparé à celui de cause finale, présenterait une triple supériorité. Il est, disent les mécanistes, d'un usage plus commode, il expose à moins de dangers, il donne des résultats probants.

1º Le finalisme ne peut tenir ce qu'il promet. Cherche-t-on à faire une réalité de l'idéal qu'il laisse entrevoir, on se heurte aussitôt à des difficultés pratiques insurmontables. Il ne réussit bien que pour les œuvres humaines dont nous connaissons à l'avance la pensée directrice. L'esprit de l'homme fait de vains efforts pour découvrir le but vers lequel les œuvres de la nature sont supposées converger. Que d'opinions contradictoires depuis l'origine de la science sur le rôle des parties du corps humain ! Même aujourd'hui les physiologistes ne sont pas complètement d'accord sur les fonctions du foie, de la rate et du corps thyroïde. La difficulté s'accroît pour ainsi dire à l'infini si l'on prétend déterminer la fin dernière de l'univers. Les systèmes métaphysiques établis par la méthode des causes finales séduisent l'imagination des poètes ; ils ne s'imposent pas à la froide raison. Aucun d'eux ne retrace *a priori*, non pas les détails, mais même le plan simplifié de la Création. « Semblables aux vierges consacrées à Dieu, dit Bacon, les causes finales n'enfantent pas. »

L'idée de cause efficiente, au contraire, est d'un emploi facile. Elle s'applique sans trop de difficultés à tous les objets de la nature. Deux phénomènes présentent-ils les marques d'une succession constante et solitaire, on leur applique la relation de causalité. Pour ce genre de travail il n'est pas nécessaire d'avoir du génie, d'embrasser d'un seul regard de vastes ensembles et de se mettre martel en tête pour découvrir « la pensée divine enclose dans la matière ». La cause efficiente appartient, comme son effet, au monde visible. Des sens ordinaires, des instruments appropriés et une forte dose de patience permettent à tout homme de faire progresser la science. Aussi des résultats heureux ont suivi l'usage de ce concept. Toutes les sciences modernes : astronomie, physique, chimie, biologie, sociologie, sont nées de son application exclusive. Le simple bon sens conseille donc de s'y tenir et d'écarter comme un rêve de l'esprit encore enfant, l'idée, désormais inutile, de la cause finale.

2° L'emploi de la cause finale est encore un procédé dangereux. Pour suppléer aux lacunes de l'observation, le philosophe a vite fait d'inventer des relations de finalité qui n'existent pas. Hippocrate admirait l'art avec lequel les oreillettes ont été faites pour souffler de l'air dans le cœur. Au temps du triomphe de l'anthropocentrisme, le soleil était l'astre du jour et la lune l'astre des nuits. Des explications semblables contentent les esprits peu exigeants, elles favorisent la paresse et dispensent de chercher les véritables causes. Souvent reproduites, elles deviennent des dogmes intangibles. Tout ce qui les contredit, comme le mouvement de la terre, l'existence des étoiles doubles, est écarté sans examen.

Avec l'idée de cause efficiente, il est moins facile de se duper soi-même et, contre toute raison, d'arrêter l'essor de la pensée d'autrui. La cause efficiente est soumise à la vérification expérimentale. Tôt ou tard, elle doit, comme disait Léonard de Vinci, « passer par l'un des cinq sens ». Des prédictions qui ne se réalisent pas, l'apparition d'un phénomène contraire à la théorie, démontrent d'une façon brutale la fausseté d'une hypothèse. Ni le crédit de son auteur ni le nombre de ses partisans n'ont d'influence sur les faits. Il reste loisible à chacun de proposer des vues nouvelles sur toutes choses, à condition d'apporter à l'appui de ses dires une preuve vérifiable pour tous. Plus de danger, par conséquent que l'erreur s'érige en principe indiscutable et prenne pour longtemps la place de la vérité. C'est, disent les partisans du mécanisme, un nouveau motif d'abandonner nettement l'idée de cause finale.

3° Il en est un autre plus efficace encore. Seul le recours à la cause efficiente assure la nécessité de la déduction.

Un concours de lois naturelles déclarées stables et universelles ne laisse jamais l'esprit incertain sur l'effet qui naîtra. Celui-ci est déterminé d'avance à l'exclusion de tous les autres. Supposer qu'un autre événement va paraître est contradictoire avec les principes énoncés ; une telle représentation est détruite dans la pensée par une force semblable à celle d'une démonstration géométrique. Avec la cause finale, même dans les cas les meilleurs, la conséquence n'est pas probable. Les faits présentés apparaissent seulement conformes au résultat désiré, « convenables, jamais nécessaires ». Les moindres parties de l'œil humain sont ordonnées de manière à favoriser la vision ; d'autres combinaisons d'humeurs seraient sans doute possibles, préférables peut-être. Helmholtz aurait, disait-il, refusé au constructeur un instrument d'optique aussi défectueux. Il n'est pas de machine si bien construite qu'on ne cherche à perfectionner. De là une infériorité notoire du finalisme comparé au mécanisme et les reproches adressés de tout temps aux partisans de la cause finale « d'abuser des arguments de convenance ».

Tout le monde a conscience de cette infériorité ; aussi, dès que la connaissance par les causes efficientes s'étend et se précise, on voit disparaître les considérations tirées de la cause finale. Les découvertes de Galilée, Torricelli, Pascal, ont fait rentrer dans le néant l'horreur du vide et les appétits multiples donnés aux éléments par la physique d'Aristote. L'*Angelus rector* de Copernic, chargé de diriger les astres, n'a pas survécu à la découverte de la loi de Newton. Les progrès de la physique ont fait considérer comme imaginaire l'origine intentionnelle attribuée longtemps à la pluie, au vent, aux orages. Les défenseurs attitrés du finalisme ont poussé des cris d'effroi lorsque les savants ont entrepris d'expliquer par des causes aveugles d'abord les maladies étranges, l'épilepsie, l'hallucination, la folie, puis l'évolution des formes animales. Leurs craintes sont un aveu de faiblesse. Il leur semble, à juste titre, que le finalisme cesserait d'exister le jour où l'explication par les causes efficientes atteindrait tout le réel.

Des esprits habitués à l'efficacité implacable des lois naturelles ou façonnés par la pratique des mathématiques n'attendront pas, pour conclure, ce résultat lointain. Pour eux, du « convenable » au « nécessaire », la distance est énorme. Ils n'estiment, ils ne veulent que la déduction rigoureuse. Avec une décision qui semble de l'audace, ils affirment, avant la preuve, l'universalité de la cause aveugle.

Ainsi le mécanisme déplace le finalisme parce qu'il représente un procédé d'emploi facile, sujet à moins d'illusions, parce qu'il établit surtout la nécessité des effets par rapport aux causes. Tous ces motifs ont trait au désir d'assurer le succès de la science. Inutile de faire remarquer qu'ils ne prouvent rien contre l'existence des causes finales. En bonne logique, chacun conserve le droit d'imiter Leibnitz et de superposer aux lois physiques des lois plus générales de finalité. Très peu de personnes s'intéressent aux essais de ce genre. C'est donc que, sous prétexte de découvrir le réel, on cherche avant tout le commode. A ce sentiment se rattachent, comme à leur source vraie, les affirmations les plus intransigeantes des partisans du mécanisme.

II. — Des divergences de détail sur la perfection de l'idéal poursuivi, ou sur la difficulté plus ou moins grande de le réaliser, créent chez les partisans du mécanisme deux courants d'opinion différents. Les uns, les criticistes et les positivistes, s'en tiennent à ce que nous appellerons le mécanisme phénoméniste. La cause et l'effet sont deux phénomènes complètement dissemblables. En ce sens la chaleur dilate les corps, une plaque vibrante produit le son. D'autres se montrent partisans du mécanisme pur ou atomistique. La cause et l'effet diffèrent seulement par une disposition nouvelle des mêmes éléments.

Le premier système offre cet avantage qu'il est, de tous, le plus facile à réaliser. Ayant directement affaire aux phénomènes, on n'est jamais entraîné loin de l'expérience. De lui surtout il est vrai de dire qu'il peut être appliqué par tout le monde et que, pour réussir, c'est assez d'avoir des yeux, des instruments et de la patience.

Malheureusement la pensée reste aux prises avec un nombre considérable de lois empiriques, difficilement réductibles (1). De plus, le « changement » conserve dans ce système son aspect déplaisant. Les qualités des corps : couleur, son, odeur, résistance, toute la réalité pour la croyance spontanée, naissent de rien et meurent sans laisser de traces. Seules demeurent des uniformités de successions. Comme la suite des images d'un kaléidoscope fatigue le

---

(1) Cf. l. II, ch. II.

regard, la création de tant de phénomènes et leur retour au néant déconcertent la pensée. Celle-ci, amie du stable, se contente à regret de la fixité d'un rapport temporel, de tous les rapports le plus étranger à la nature des choses. Elle réclame un élément fixe, facilement représentable, moins éloigné des idées de substance et de force qui lui sont familières.

Le mécanisme atomistique, au contraire, réduit au minimum le changement opéré dans la nature; il fait aussi large que possible la part de l'élément fixe. Les naissances et les disparitions des qualités deviennent de simples apparences sur lesquelles philosophes et savants ne sont pas tenus d'arrêter leurs regards. Sous les phénomènes hétérogènes et passagers, prend place une réalité uniforme et durable. En son fonds « l'être ne devient pas, il est », comme disait Parménide. Le seul changement qui puisse l'atteindre est un changement local. Les atomes se déplacent dans l'espace; ils décrivent dans leur course des figures variées, se réunissent et se désagrègent. Mais de nouveaux rapports de situation laissent intacte la nature des éléments composants. A moins de chercher, comme les Éléates, à figer le réel dans une immobilité complète et de nier tout devenir, il est difficile d'élaborer un système qui respecte avec autant de scrupule les susceptibilités de la pensée.

Le changement est d'ailleurs expliqué et prévu à l'aide de principes peu nombreux et merveilleusement simples. L'atome, la donnée initiale, est un morceau d'espace durci. En lui, rien qui puisse inquiéter la pensée : il est tout entier ce qu'il paraît être à la surface. Les considérations auxiliaires de force, de mouvement, de vitesse, de masse, d'attraction et de répulsion, se ramènent toutes, de près ou de loin, à des propriétés géométriques. Celles-ci s'expriment en fonction de lignes, c'est-à-dire, en définitive, en fonction de lignes droites. Les relations qualitatives ramenées à des rapports de quantités sont exactement mesurables et donnent naissance à des équations algébriques. Le travail déductif devient ainsi plus précis et plus sûr.

A tous ces titres, le mécanisme pur doit exercer sur l'esprit du philosophe une séduction puissante. Supposé réalisable, il représente peut-être le système de connaissance virtuelle le plus parfait que l'homme puisse jamais découvrir.

Le seul point noir dans ce bel horizon, c'est que, jusqu'ici du moins, une très grande partie des phénomènes refuse de se laisser ramener à des lois de mécanique pure. Même en physique, à plus forte raison dans les sciences plus complexes, l'atomisme ne rejoint pas le réel. Autant que le finalisme intégral de Leibnitz, il est permis de le traiter de chimère. Pour établir une science qui ne soit pas un mythe, on est alors contraint de faire retour en arrière, de se rabattre sur des conceptions moins parfaites, sans doute, mais plus abordables. Ainsi s'expliquent les alternatives de confiance et d'abandon par lesquelles a passé cette forme extrême du mécanisme. Il n'en reste pas moins vrai que l'intérêt de la science diversement compris, après avoir déterminé le rejet de la cause finale, a produit, au sein même de l'école, les deux grands courants d'opinion que nous venons d'étudier.

Il convient donc d'écarter résolument les idées

courantes sur l'origine du mécanisme et du finalisme. D'après les idées communément reçues, le finalisme des philosophes serait un résidu, une simple survivance des hypothèses primitives. Le mécanisme, au contraire, serait le « fruit tardif de l'expérience ». On aime à le représenter comme le propre d'une période de maturité intellectuelle, l'un des principaux résultats de « l'esprit positif ». — « Parcourons, dit Laplace, l'histoire de l'esprit humain et de ses erreurs ; nous y verrons les causes finales reculées constamment aux bornes de ses connaissances (1). » De même, selon Spencer, « la finalité est un moyen d'échapper à l'ignorance par un faux semblant de science ».

Cette manière de voir s'accorde mal avec les faits. D'une part, les partisans du finalisme ont des raisons positives de maintenir quand même le concept de cause finale. De l'autre, l'affirmation du mécanisme intégral précède de beaucoup l'apparition de l'état positif. Dès les origines de la philosophie, l'atomisme est affirmé, non comme une hypothèse, mais à titre de vérité indubitable.

Tout s'explique fort bien, conformément à notre principe général, grâce au concours de deux « variables » : le degré de perfection exigé de la connaissance rationnelle, et le sentiment plus ou moins aigu des difficultés pratiques de réalisation.

Ces principes admis, toutes les formes du concept de cause échelonnées du finalisme vulgaire au mécanisme atomistique n'ont plus lieu de surprendre. Un philosophe est-il soucieux de déduction sévère, et

---

(1) LAPLACE : *Exposition du système du Monde*, p. 442, quatrième édition, *in fine*.

pour des raisons particulières de tempérament, d'éducation, d'occupations habituelles ou même de mode philosophique, désintéressé des difficultés de réalisation pratique? Il sera entraîné vers l'affirmation de la cause mécanique. Il deviendra sans aucun doute disciple de Démocrite ou de Descartes. — Avons-nous affaire à un esprit positif, avide de science étendue et rapidement faite? Il tiendra compte des retards probables, il s'effraiera des obstacles sans doute insurmontables auxquels se heurte l'atomiste ; avec Bacon et Stuart Mill, il préconisera l'emploi de la cause phénoméniste. Qu'un autre soit vivement frappé de l'unité des êtres, de la beauté, de l'harmonie, de la proportion, qui règnent partout dans la nature, il ne partagera pas les espérances des physiciens ou des chimistes. Il jugera nécessaire de faire intervenir l'idée de cause finale. Suivant qu'il se montrera plus ou moins difficile sur la liaison des phénomènes, il invoquera soit le finalisme de l'idée pure, soit l'une quelconque des conceptions intermédiaires, plus voisines de la forme primitive.

La multiplicité des concepts employés devient ainsi une preuve en faveur de notre thèse. Toutes les opinions touchant les rapports du mécanisme et de la finalité, si variées, si incohérentes même qu'elles paraissent, s'établissent en fonction de besoins scientifiques. Elles relèvent comme de leur cause première, de l'activité intentionnelle de l'esprit.

CHAPITRE IV

L'IDÉE D'ACTION

Si du concept vulgaire de cause efficiente on retranche tout ce qui semble particulier à l'activité humaine, la prévision d'un but, la liberté, le sentiment de l'effort, il reste encore l'idée d'influence : la cause *agit,* elle *produit* son effet. Ce dernier élément persiste dans les formes les plus raffinées du concept; il est prédominant dans l'idée paradoxale de cause intemporelle. A la plupart des philosophes il semble indispensable : une cause dépourvue d'efficacité n'est pas une cause.

Il s'est établi, depuis bientôt cent ans, une manière toute différente de concevoir la relation de causalité. D. Hume, continuant et complétant des essais antérieurs, a entrepris de montrer que l'idée de « pouvoir », simple « impression » du sujet, était introduite par mégarde dans la compréhension du concept de cause. Cette théorie acceptée de confiance par Kant, exposée à nouveau par Stuart Mill et les positivistes, a obtenu la fortune que l'on sait. Pendant quelque temps et dans certains milieux, il a été admis comme un axiome que la cause n'est rien de plus qu'un antécédent privilégié et qu'il faut à tout prix, sous peine d'arrêter l'essor de la science, alléger sa définition de toute idée d'influence.

Nous n'avons pas à décider de la valeur métaphysique de ces deux conceptions. Il suffira d'en chercher l'origine. Voyons si l'intérêt de la science, diversement compris, n'aurait pas motivé à la fois le maintien de l'idée d'efficience chez l'immense majorité des philosophes et son rejet chez quelques-uns dans les temps modernes.

§ I. — *Persistance de l'idée d'action.*

Il y a lieu de s'enquérir des motifs qui ont assuré la persistance de l'idée d'action. Beaucoup de bons esprits l'ont défendue autrefois contre les attaques extrêmement habiles des sceptiques ; d'autres s'efforcent de la conserver aujourd'hui, malgré les critiques des positivistes. Jusqu'ici, et c'est chose regrettable, ce problème a semblé trop facile à résoudre. On croit se tirer d'affaire en faisant intervenir, tel un *Deus ex machina,* une tendance primitive à projeter en tous sens l'image de notre activité. La réponse est commode, mais insuffisante. Une tendance irréfléchie n'explique pas, même chez le primitif, le rôle prédominant du sentiment de l'effort ; elle permet encore moins de comprendre, chez les philosophes, la persistance d'une idée aussi souvent débattue.

Le sentiment toujours présent de notre activité personnelle doit faire sentir ici son influence. Nous avons vu au livre précédent que l'idée d'action repose sur une connaissance directe ; elle prend sa source dans la sensation d'effort. Cette sensation donne la mesure de l'énergie disponible, prépare et dirige nos mouvements, rend, par conséquent, des services et retient, à ce titre, notre attention. Aux heures de spéculation, le philosophe et le savant peuvent oublier cet élément habituellement senti. La précision et la rapidité de leurs raisonnements demandent même qu'ils s'en désintéressent. La cause représentée par un mot, une lettre ou un chiffre, joue le rôle de symbole ; elle peut n'être alors qu'une idée simplifiée et commode. Mais faut-il revenir à la vie pratique, remuer une chaise ou prendre un livre, l'idée d'effort indispensable revient à la conscience. Autrement, le geste est faux et l'effet attendu ne se produit pas. Nous vivons ainsi dans un commerce de tous les instants avec l'idée d'action : c'est pourquoi il nous est impossible de l'oublier longtemps, de la chasser d'une façon définitive du concept de cause.

De plus les philosophes ont vite compris les avantages qu'ils pouvaient tirer de cette observation courante pour obtenir une représentation plus simple de l'univers. Soit l'exemple familier d'un corps chaud qui en échauffe un autre. Le vulgaire s'imagine qu'une chose distincte, la chaleur, logée dans la cause, en sort pour aller habiter ailleurs, à l'endroit où paraît l'effet. Toute la nouveauté consiste dans un changement de local. On supprime ainsi deux événements difficiles à comprendre : l'anéantissement d'une qualité existante, la création spontanée d'une qualité nouvelle. Aussi, en dépit parfois de l'expérience contraire, les philosophes ont essayé d'étendre le plus possible ce genre de cause. D'après la doctrine des pythagoriciens, les rapports numériques, considérés comme des causes, se retrouvent identiques dans tous leurs effets. Suivant Platon, Aristote, Plotin, les scolastiques, l'effet « participe à la nature de la cause ». Le savant moderne pousse à l'extrême cette conception. Entre l'effet et la cause, il établit une égalité absolue : les deux termes de la relation représentent la même réalité considérée à deux moments différents de sa durée.

Le désir continuel de voir l'effet sortir de la cause, par une sorte d'émanation, se trouve satisfait, à défaut de mieux, grâce à l'idée d'action. Ce mot indique que, partie de l'être cause, une effluve invisible circule dans l'espace, puis, arrivée au terme, s'épanouit, pour ainsi dire, et s'étale aux regards. D'une façon semblable, mais plus grossière, la sève puisée par les racines circule dans les branches, s'arrête au bouton et donne une fleur. Même raffinée au possible, réduit à n'être qu'un lien ténu de nature immatérielle, l'activité de l'agent permet toujours de rattacher l'effet à la cause, de le représenter comme un prolongement, on oserait presque dire, — et c'est, après tout, l'idée des panthéistes, — comme une partie de la cause. Si vague que soit cette image, elle nous est utile. L'esprit s'assimile plus facilement une représentation qu'il a vu naître, qu'il a tirée lui-même d'un lieu où il la supposait déjà présente. Aussi nous est-il presque impossible de penser à l'activité d'une cause sans imaginer un transport de force entre le point de départ et le point d'arrivée. L'idée d'action réalise donc entre les phénomènes comme une ébauche d'unité et de fusion; elle doit, à ce titre, être accueillie par l'esprit avec faveur.

Enfin, l'idée d'activité transitive est logiquement indispensable le jour où toute substance est supposée incapable de rien changer à son état présent.

Le parti pris de tout déduire veut que l'on donne aux éléments premiers des choses une inertie complète. S'ils pouvaient, à un moment quelconque, changer spontanément de nature, toutes nos prévisions deviendraient caduques; s'ils se transformaient suivant une loi d'évolution réglée, les formules scientifiques seraient extrêmement compliquées. C'est pourquoi, alors que la nature nous présente à la fois des exemples de stabilité et de changements spontanés, on a fini par décréter l'inertie absolue de la matière. Les progrès de cette théorie sont faciles à suivre. Suivant les premiers philosophes, la matière est à moitié vivante. Avec Platon et Aristote, tout être devient incapable de passer de lui-même de la puissance à l'acte; pourtant la matière première peut résister à l'attrait de la forme, elle manifeste, par moments, un reste d'activité capricieuse. Les atomes de Démocrite n'ont plus ce pouvoir de résistance irraisonnée, ils ne changent jamais de nature, toutefois, le mouvement qui les anime est éternel comme eux. Les fondateurs de la science moderne se sont appliqués à dépouiller la matière des moindres vestiges de spontanéité laissés par leurs prédécesseurs. La première loi du mouvement est une loi d'inertie. Aujourd'hui, pour le physicien comme pour le chimiste, rien ne se perd, rien ne se crée, pas même la direction du mouvement. La tendance à persévérer dans l'être ou dans le non-être est la première loi du réel.

Chaque fois que cette convention est admise, pour tout ou partie du réel, nous sommes obligés d'en poser une autre : il faut donner aux causes une activité transitive. Puisque le « patient », l'être qui va perdre ou gagner quelque chose, est, par définition, sinon hostile du moins indifférent à tout état nouveau; puisque abandonné à lui-même, il restera éternellement ce qu'il est, il faut, s'il change, qu'il subisse une influence étrangère. Malgré l'obscurité attachée à l'idée de cause transitive, il doit exister quelque part une activité de ce genre. Faute de quoi les moindres événements deviendraient autant d'énigmes indéchiffrables. Notre représentation du monde, composée d'éléments stables, resterait éternellement immobile. Si elle semblait se mouvoir, ce serait à la suite d'une contradiction formelle avec le principe d'identité ; nous aurions retiré, après coup et sans le dire, aux éléments premiers leur qualité maîtresse, l'inertie absolue dont nous les avions dotés.

Ainsi l'idée d'action si difficile à faire disparaître, n'est pas maintenue en place par la puissance aveugle d'une association étroite. C'est faire injure à la perspicacité des philosophes que de la considérer avec A. Comte comme « la survivance tenace d'une longue période d'ignorance ».

Elle n'est pas voulue non plus, comme le soutient Leibnitz, par la nécessité de placer dans la cause un signe qui la distingue, pour l'esprit, du simple antécédent. L'école positiviste nie la réalité de l'idée d'influence et conserve néanmoins au mot de cause un sens intelligible.

Pour découvrir la raison d'être de l'idée d'action, il faut sortir du concept de cause et considérer les rapports qu'il peut avoir avec notre activité physique ou mentale, avec l'ensemble des idées scientifiques. L'idée d'action est rappelée sans cesse à l'attention des philosophes par les besoins de la vie pratique. Elle permet d'établir entre les effets et leurs causes un commencement d'unité, elle est enfin la conséquence d'une conception nouvelle de la substance :

le parti pris de considérer comme inerte le sujet du changement. Grâce à tous ces motifs, l'idée d'action a peine à disparaître.

§ II. — *Disparition de l'idée d'efficience.*

S'il en est ainsi, comment se fait-il que depuis deux cents ans d'illustres philosophes aient prétendu avoir « exorcisé » l'idée d'influence et remplacé pour toujours le concept de cause efficiente par celui d'antécédent privilégié ?

1° Un motif plausible, le premier auquel on pense, serait le souci croissant de l'idée claire. Descartes avait pris comme règle capitale de sa méthode : « Ne tenir pour vrai que ce que je connusse évidemment être tel. » Ce mot, si simple aujourd'hui, prononcé après les exagérations de l'inconnaissable commises au moyen âge, était devenu un cri de guerre. Ébloui par son succès, Descartes avait abusé de l'idée claire. Ce qui ne devait être qu'une règle de logique s'était vite transformé en principe de métaphysique. Il avait osé écrire cette formule grosse de conséquences : que nos idées claires et distinctes sont toutes vraies. Des disciples, comme il arrive toujours, avaient exagéré la pensée du maître. Renouvelant un sophisme fréquent, ils avaient transposé, sans en restreindre l'étendue, les termes de son affirmation ; ils avaient dit : « Toute vérité peut s'exprimer en idées claires », d'où, conséquence immédiate, « il convient de refuser l'existence à tout ce qui n'est pas évident ».

Le premier résultat de cette passion de l'idée claire avait été de faire évanouir les puissances occultes, formes, hoeccéités, facultés spéciales, dont le moyen âge avait peuplé l'univers. On avait ensuite appliqué la règle de l'évidence à l'union de l'âme et du corps. Là aussi on avait rencontré entre les deux substances, l'une exclusivement pensée et l'autre tout étendue, une activité irreprésentable; on en avait nié l'existence. Poussant plus loin leurs investigations, Malebranche, puis Leibnitz, avaient étudié la communication du mouvement dans la matière. Le cas d'une bille qui en pousse une autre avait paru aussi mystérieux que celui des rapports de l'âme et du corps. On avait alors supprimé la causalité physique; seuls les esprits conservaient un reste d'activité. Puis Hume était venu. Il avait analysé l'action prétendue de deux idées l'une sur l'autre, et là encore la pensée claire n'avait pu découvrir qu'une simple succession de phénomènes. L'idée d'activité, convaincue partout d'être obscure, avait été, au nom du principe de l'évidence, successivement chassée de tous les domaines qu'elle possédait. Le concept de cause efficiente amoindri, dénaturé, était officiellement remplacé par celui de « conditions d'existence ».

Évidemment des considérations de ce genre ont engagé les philosophes à nier la réalité de l'action causale. Il ne faut pas cependant exagérer la valeur de cet argument, et le considérer à lui seul comme suffisant. Déjà, dans les siècles précédents on avait eu l'amour de l'idée claire, et l'esprit s'était senti gêné à la pensée des obscurités de la cause transitive. Les philosophes d'Élée alléguaient les contradictions du changement pour affirmer l'immobilité de l'Être. Platon se plaint amèrement de ne pouvoir comprendre le passage « du même à l'autre », « du non-être à l'être ». Pendant trois siècles les sceptiques s'étaient appliqués à ruiner la croyance aux causes.

Avec une remarquable lucidité de critique ils mettaient en évidence les obscurités, les incohérences, les contradictions impliquées par l'idée d'action.

Le résultat de ces analyses minutieuses avait été une série de modifications intéressantes du concept de cause, mais non la suppression complète de l'idée d'influence, laquelle avait survécu à toutes les attaques.

On avait d'abord renoncé à la cause agissant à distance. De Pythagore à Plotin cette idée n'a pas place dans les grands systèmes de philosophie. L'influence alors admise des astres sur les choses humaines s'explique à l'aide d'intermédiaires qui transmettent de proche en proche le mouvement initial. On acceptait sans trop de répugnance la causalité par le choc, sans doute parce que les difficultés de l'action transitive sont déjà moins apparentes. Démocrite et les épicuriens prétendent tout expliquer par ce genre de cause; Platon, Aristote, lui font une assez large part. Cependant de très bonne heure les préférences des philosophes vont franchement à la cause immanente. Chez Anaxagore, chez Platon, l'âme du monde est logée dans la matière, elle en parcourt toutes les parties comme l'âme humaine est supposée le faire dans le corps. De même les stoïciens, puis les alexandrins, enseignent qu'une substance éthérée pénètre l'univers dans ses recoins les plus intimes et modèle la nature par un travail interne. Cette conception, contraire au sentiment des primitifs, qui généralisent plus volontiers l'idée de fabrication par agent externe, atténue encore les difficultés de la cause transitive. Malheureusement le problème n'est pas résolu et les embarras renaissent presque aussitôt. Tant que l'agent et le patient sont deux substances différentes, il y a lieu de supposer une action réelle de l'une sur l'autre, semblable à celle de l'âme sur le corps. On a beau diminuer les distances, il existe toujours, au moins pour l'esprit, un passage, d'un terme à l'autre : l'activité reste transitive.

Préoccupé sans doute de ces considérations, Aristote a eu recours à un concept de cause immanente qui échappe en partie à cette objection. Platon avait exposé longuement dans le *Phèdre* la théorie de l'amour cause du mouvement. La statue qui m'attire, disait Socrate, ignore ma présence et n'éprouve aucun changement. Mais dès que je la vois je désire la contempler de près ; spontanément je me mets en marche vers elle. Aristote emprunte à Platon cette idée ; il l'applique d'une façon systématique aux œuvres de la nature. Dans chaque être la « matière » se comporte comme si elle connaissait l'excellence de la « forme » qui réside en elle. Éveillée de sa torpeur, elle cherche à reproduire les qualités de son modèle. De l'acte pur « à la matière première » tous les êtres s'échelonnent, chacun s'efforçant ainsi d'imiter une perfection plus haute. Quant à la cause du mouvement, elle reste immobile, elle n'agit pas. Contrairement à l'opinion commune, l'action, l'effort, se trouvent dans le « patient » du côté de l'effet.

Il semble difficile de pousser plus loin dans cette direction sans aller jusqu'au phénoménisme. On pourrait même se figurer que toute activité transitive est supprimée par Aristote et que la cause est réduite à l'état de pur antécédent. Nous n'y sommes pas pourtant. Avant de passer de la puissance à l'acte, l'être « en puissance » doit connaître la présence et les qualités de la « forme ». Autrement quelle raison aurait-il de se modifier ? Si obscure que soit la façon dont s'opère cette connaissance, elle suppose toujours, d'après la théorie d'Aristote, un contact entre le « sensible » et le « sentant », par conséquent une activité exercée par l'objet sur le sujet. Nous trouvons là un reste oublié d'efficience. Le rapport de causalité ne se confond pas encore avec celui de succession constante.

La doctrine d'Aristote marque d'ailleurs le point extrême atteint par les philosophes dogmatiques. Après cet effort original, on constate un violent recul vers des formes moins raffinées de cause efficiente. Dans le système des stoïciens le « feu artiste » façonne la matière par simple contact comme un sculpteur modèle la terre glaise. De même après l'effort des cartésiens pour se débarrasser de toute idée obscure, on a vu reparaître au xviiie siècle non seulement le concept de force, considéré auparavant comme contradictoire, mais de véritables puissances occultes, comme l'attraction, la chaleur et l'électricité. Ces retours fréquents vers des conceptions écartées un moment à cause de leur obscurité, montrent que les difficultés inhérentes à l'idée d'influence causale ne sont pas, autant qu'on se l'imagine parfois, un motif suffisant d'en nier la réalité.

2º Un motif plus influent peut être de laisser tomber l'idée d'action, c'est que, depuis l'établissement de la science positive, elle est devenue moins utile. La science positive fait exclusivement appel à l'idée de loi. Le savant recherche des antécédents constants. Que ces antécédents soient ou non « efficaces », peu lui importe, l'essentiel est qu'ils permettent de prévoir ou de reproduire à volonté les effets. On s'est rendu compte d'assez bonne heure de cette transformation, puisque Galilée déclare en propres termes qu'il se préoccupe non des causes, mais des modes d'opération. En fait l'idée d'action n'a plus ici de raison d'être. Ce qu'on appelle encore, par une vieille habitude, du nom de cause, en est à peine l'enveloppe. Mais voici que l'idée de loi naturelle émise au xvi⁰ siècle a fait son chemin. De tous côtés, en Italie, en Hollande, en France, en Angleterre, des expérimentateurs observent et notent des cas de succession constante. Peu à peu des lois particulières sont remplacées par des lois générales; des connaissances isolées se rejoignent. La science positive semble vouloir entourer comme d'un réseau à mailles serrées la totalité des phénomènes. La tentation est grande de soutenir que la connaissance des lois constitue pour l'esprit humain le seul aliment substantiel, que la croyance aux causes est un reste des vieux âges, une opinion dangereuse, la caractéristique d'un état mental en train de disparaître. Les positivistes n'y résistent pas; ils ont fait de cette affirmation le point capital de leur doctrine. Éliminée de la science expérimentale, l'idée d'action n'est plus utile; on perd l'habitude de s'en préoccuper; il devient relativement facile de lui refuser toute réalité.

Ce n'est pas à dire, cependant, que le développement scientifique soit un motif suffisant de la rejeter tout à fait. Tant que l'esprit percevra, derrière les phénomènes, une substance solide, résistante, capable de s'opposer au changement, tôt ou tard on sera contraint de rétablir l'idée d'action. Les savants pourront, par convention, l'éliminer de leurs formules. Les philosophes ne sauraient s'en passer. Ils réclameront des causes qui soient autre chose que de purs antécédents.

3º La naissance et les progrès du phénoménisme

viennent atténuer d'une façon considérable le principal obstacle qui s'opposait à la disparition de l'idée d'action. L'élément résistant de la nature, la substance est supprimée. Les corps et même les esprits deviennent des assemblages de phénomènes, dont l'essence consiste à paraître puis à disparaître : *Esse est percipi*. Semblable à une vision de rêve, l'univers est composé d'éléments instables, d'être falots et dansants, de fantômes comparables aux « ombres vaines » des Champs-Élyséens.

A mesure que cette doctrine se développe, la cause est dépouillée, progressivement, de son activité. Descartes, déjà, écrit dans le *Traité des Passions* que les esprits animaux « causent ou accompagnent » les émotions de l'âme (1). Malebranche, Leibnitz, Berkeley, Hume, Kant, restreignent ou suppriment la part de l'influence causale. A quoi bon en effet conserver l'idée d'action ? A l'appel de son nom, le phénomène, docile, sort de l'inconnu ou retourne au néant. Puisque la cause ne rencontre aucune résistance, elle n'a plus besoin d'être une force. L'explication, non plus toute de surface et incomplète du savant, mais celle que rêve le métaphysicien, peut désormais se passer du concept de l'efficience.

Cette idée disparaît-elle complètement, comme on se plaît à le dire? Il ne le semble pas. Si instable que soit le phénomène, laissé à lui-même il reste immobile. Lui aussi il doit tendre à persévérer dans son être. Il faut qu'il en soit ainsi sous peine de compromettre la stabilité des lois naturelles. Pour que le phénomène accompagne sa cause, comme l'ombre fait le corps, il doit être soumis à une influence effi-

(1) Cf. *Traité des Passions*. Articles 79 et 97.

cace, capable de rompre à tout moment sa tendance foncière à rester dans l'état présent.

Aussi, en fait, l'idée d'action est seulement déplacée par le phénoménisme. Éliminée du concept de cause, elle se retrouve d'abord dans l'Être suprême, puis dans l'idée de Loi. Malebranche, Berkeley, demandaient à la puissance divine de donner le mouvement à la nature, de faire naître et mourir les apparences en temps et lieu, comme il convient. Leurs successeurs ont trouvé que le recours à la divinité introduisait des complications gênantes. Ce qui était arrivé pour l'idée de fin s'est reproduit alors pour l'idée de Loi. On a donné à une idée pure une influence directe sur les choses. Pour nombre de savants la Loi naturelle est aujourd'hui la véritable cause. Cette efficacité d'un être de raison est acceptée sans trop de répugnance. Le phénomène conserve une faculté de résistance extrêmement faible ; pour le vaincre il suffit d'une énergie presque insensible, dont une idée abstraite ne semble pas incapable.

Ainsi des principes utilitaires président à l'histoire entière de l'idée d'action. Ils expliquent sa présence tenace au sein du concept de cause ; sa diminution progressive dans les temps modernes et, finalement, sa place à côté du concept de loi naturelle.

L'idée d'action est conservée d'abord parce que les besoins de la vie pratique la rappellent sans cesse à la pensée du savant comme à celle du primitif, ensuite parce qu'elle permet de se représenter, à l'avance, l'effet dans la cause. Lorsque les principes de la nature ont été, pour les besoins de la déduction, soumis d'une façon rigoureuse au principe d'identité, elle devient indispensable. Sans elle l'univers resterait immobile. La recherche de l'idée claire, poursuivie depuis Descartes, les services rendus à la connaissance par l'idée de loi, invitent les philosophes à se passer de ce concept. L'apparition du phénoménisme le rend presque inutile, on songe alors à l'exiler du monde réel. Toutefois, la résistance au changement, très atténuée, n'a pas encore complètement disparu. Aussi l'idée d'action se retrouve, affaiblie, mais reconnaissable, dans la loi naturelle qui préside en souveraine, toujours obéie, à tous les changements observés dans l'univers.

CHAPITRE V

LE PRINCIPE DE CAUSALITÉ

Dans les chapitres précédents nous avons recherché, d'une façon exclusive, les motifs pour lesquels philosophes et savants ont réformé dans tel ou tel sens les éléments de leurs concepts de cause. Sans plus nous préoccuper de la « compréhension » de ces concepts, examinons l' « extension » très grande, universelle même, qu'ils reçoivent. Là encore subsistent, en dépit d'apparences contraires, des divergences d'opinion utiles à constater. On a beau répéter d'une commune voix : « Rien sans cause », cette formule n'a pas, à beaucoup près, pour tous les esprits, la même portée. Le mot « rien », si clair pourtant, reçoit ici au moins trois significations différentes.

Pour nombre de philosophes, l'énoncé précis du principe de cause serait « tout ce qui devient ou tout ce qui commence, ou encore tout phénomène a une cause ». Les substances éternelles et incréées, principe de tout devenir, échappent alors à la catégorie de causalité. Seuls y sont soumis les faits, les changements accomplis dans le temps.

D'autres philosophes, sans chercher encore à soumettre le premier donné à l'empire de la causalité, se préoccupent de restreindre le nombre des substances primitives. Il s'est opéré dans ce sens, des origines jusqu'à nos jours, un travail intéressant. Empédocle supposait quatre éléments éternels; Platon et Aristote n'en conservent que deux; les stoïciens et tous les panthéistes venus ensuite soutiennent l'unité absolue de la substance. Le principe de cause acquiert déjà une extension plus grande, il pourrait être formulé : « Tout ce qui existe a une cause, une seule substance éternelle étant exceptée. »

Enfin la formule « rien sans cause » peut être prise dans une acception plus étendue encore, et englober même le premier donné. Déjà Plotin faisait dépendre la nature de l'Être premier d'un principe supérieur. On se souvient des disputes du moyen âge, relatives à « l'Être cause de soi ». Depuis Kant, impossible d'aborder l'étude de l'idée de cause, sans avoir à discuter les thèses opposées du finitisme et de l'infinitisme. Entendu de cette façon, le principe est rigoureusement universel, il devrait être formulé sans la moindre restriction : « Tout ce qui est ou tout ce qui existe a une cause. »

Ainsi, trois manières différentes et toujours plus générales de comprendre le « rien sans cause ». Les philosophes ont donné à cette formule une extension sans cesse croissante, ils ont même affirmé « la régression à l'infini », pour des raisons d'avantages spéculatifs. Dans autant de paragraphes spéciaux nous essaierons de préciser les motifs qui les ont guidés.

§ I. — *Pas de phénomène sans cause.*

Les philosophes les moins affirmatifs donnent déjà au principe de cause une importance qu'il n'acquiert jamais chez les primitifs. Ils l'appliquent sans exception à la totalité des changements accomplis dans le temps. Il n'est pas indispensable pour expliquer ce fait de supposer soit une connaissance plus parfaite de la nature, soit même une claire vue de l'esprit devenu plus perçant. L'intérêt bien entendu de la science exige cette extension nouvelle du concept de cause.

L'affirmation d'une loi de causalité applicable à tous les phénomènes est d'abord le corollaire de la croyance spéciale aux philosophes et aux savants en la possibilité d'une science universelle. L'idée d'un commencement sans cause contrarie chez eux un groupe d'habitudes et de sentiments extrêmement puissants. Impossible de déterminer la place d'un fait de ce genre à l'aide des procédés habituels de la déduction, de le ramener à l'unité d'une formule, de le « comprendre », comme on dit si bien. Il faudra toujours le constater directement, puis le retenir de mémoire. Tout le cortège des ennuis que l'on voudrait éviter se présente en foule à la pensée. Bien plus, un seul fait reconnu sans cause permet de jeter le discrédit sur la science entière. Forts de cet aveu d'impuissance, les sceptiques auront beau jeu pour soutenir que des milliers d'autres faits rentrent dans la même catégorie. Ils mettront en doute le succès final de l'entreprise; ils seront autorisés à prédire la faillite de la science. Contre de telles conséquences l'esprit se révolte; il résiste de toute la force des idées contraires liguées en système, accueillies avec bienveillance pour les avantages qu'elles assurent. Mis en demeure d'amoindrir son idéal ou d'affirmer la portée universelle de l'idée de cause, le philosophe n'hésite pas : il proclame, il croit que tout changement a une cause.

Une autre suite de jugements, familiers aux métaphysiciens, conduit avec plus de rigueur encore au principe de cause. On prétend alors s'appuyer sur les exigences de la pensée pure.

Soit l'idée du néant, dit-on. Il suffit de la rapprocher de l'idée d'être, pour voir qu'il existe entre ces deux concepts une incompatibilité absolue. Le néant ne peut produire l'être, donc tout fait a une cause. De même, soit un phénomène comme la vitesse d'un piston dans une machine. Ce fait est la conséquence rigoureuse, et connue comme telle, des lois générales de la nature. Les conditions posées, le résultat est infaillible. Il est nécessaire au même titre que la surface d'un carré dont le côté est donné. Par conséquent, si l'effet habituel vient à changer, c'est qu'un changement préalable s'est produit dans les antécédents, l'esprit est contraint de supposer une cause. N'importe quel événement pouvant provoquer des réflexions semblables, il suit que tout phénomène a une cause. Le principe de cause serait ainsi affirmé par tout le monde, en vertu de jugements rationnels que la pratique des sciences exactes contribuerait d'ailleurs à développer.

Cette conclusion serait sans doute satisfaisante si une analyse impartiale ne découvrait dans la trame de ce raisonnement deux affirmations, conséquences des besoins scientifiques déjà signalés.

D'abord, on évite de dire que les concepts employés sont toujours établis à un point de vue rigoureusement statique. Ils expriment des choses qui, par hypothèse, sont soustraites au changement. Rien d'étonnant alors à ce que de l'idée du néant, c'est-à-dire de l'absence totale et éternelle d'être, on ne puisse tirer le moindre atome ; à ce que, un effet étant la conséquence de lois et de propriétés stables, il faille supposer, lorsqu'il change, une transformation dans les antécédents. Mais le parti pris de considérer comme immuable l'objet de nos concepts est le résultat d'un désir de simplicité. L'idée générale vulgaire est déjà formée dans le but inconscient d'échapper aux embarras du multiple et du changement. L'application intransigeante du principe d'identité est également, nous l'avons montré, la condition indispensable de la déduction logique (1). L'affirmation du principe de cause dépend donc, à ce premier titre, des exigences de la connaissance scientifique.

On se permet en outre, dans l'argument que nous étudions, de postuler, dans son sens le plus étroit, la valeur absolue du principe de raison ; on suppose implicitement le déterminisme universel. On agit bien de la sorte puisque l'hypothèse d'un fait sans cause est écartée comme inintelligible, comme contradictoire avec notre besoin de comprendre. Or, un phénomène n'est compris que dans la mesure où on peut le déduire. Mais il s'agit précisément de savoir si l'univers entier peut venir se ranger dans les cadres de la déduction syllogistique. Platon et Aristote qui admettent de l'indéterminé dans le monde ne le croyaient pas. Il en est de même de tous ceux qui acceptent la cause libre. L'effet est incompréhensible pour tout ce qui échappe à la prévision. Les philosophes et les savants ont peine à se résoudre à cette extrémité. Nous croyons avoir suffisamment montré l'origine intéressée du principe de raison, expression forcée du désir ardent de tout connaître. Si nos conclusions sont justes, l'amour de la science suffirait à créer la formule, ignorée des primitifs : « Pas de phénomène sans cause. »

---

(1) Cf. supra, pp. 179 et sq.

Quelques remarques historiques apporteront ici un complément de preuve. A mesure que les philosophes et les savants prennent mieux conscience de leur rôle, le principe que nous venons de rappeler se précise, il acquiert dans leur pensée une importance et une extension plus grandes.

Les premiers « sages » nient déjà, sans doute, tout commencement absolu. La création et l'anéantissement des phénomènes ne sont, disent Thalès, Anaximandre, Anaximène, que des apparences. En réalité, « rien ne vient de rien, rien ne retourne à rien ». Les transformations de la substance primitive dépendent également, suivant les systèmes, d'une nécessité logique ou mécanique, ou encore d'un attrait semblable à celui de l'amour.

Mais, chose remarquable, dans les fragments qui nous restent de cette époque lointaine, on ne rencontre aucune formule précise du principe de causalité. « Il semble, dit M. Ch. Huit, qu'Héraclite ait été le premier à soupçonner la nécessité logique d'une cause motrice. » Encore, paraît-il, « l'emploi de αἰτία, sans aucune addition ni qualification quelconque, ne se rencontre pas avant les écrits de Platon et d'Aristote (1) ». Nous expliquerons ce fait en disant que pour les philosophes d'alors, l'idée d'une déduction sévère, appliquée aux œuvres de la nature, ne s'était pas fait jour. Ils s'estimaient heureux de pouvoir fournir sur l'ensemble des choses des explications plausibles. N'éprouvant pas autant que nous le besoin de « comprendre », ils n'avaient pas songé à mettre hors de pair le principe de cause.

---

(1) Charles Huit : *La Philosophie de la nature chez les Anciens*, Paris, 1901, p. 214.

Platon, héritier des Pythagoriciens, familiarisé avec les mathématiques, aurait introduit la formule claire et précise du principe de cause : « Tout ce qui devient a une cause », est-il dit dans le *Timée* (1). De même dans le *Philèbe :* « Considère, déclare Socrate, s'il ne te semble pas nécessaire que tout ce qui arrive arrive par quelque cause (2) ? »

Toutefois, le principe si bien énoncé par Platon, répété par Aristote, n'a pas encore pour ces deux philosophes la portée rigoureusement universelle que nous lui accordons aujourd'hui. Tous les phénomènes de la nature, même les plus extraordinaires, ont une cause, il est vrai : l'influence combinée des idées et de la matière. Mais demandons pourquoi la matière a parfois des caprices si étranges, pourquoi, indocile à l'attrait de « l'idée », elle produit des êtres imparfaits et difformes. La faute en est au « non-être », déclare Platon, entendez par là un acte inintelligible et absurde, un fait sans cause. Aristote répète en substance la même chose : « Les accidents sont imprévisibles ; les monstres sont le produit du hasard. » Longtemps après, Cicéron, Sénèque, Pline l'Ancien (3), expliquent également les bizarreries de la création par une sorte de caprice de la toute-puissante nature.

Ces théories qui nous choquent aujourd'hui semblent naturelles à cette époque. C'est que la conception de la science n'est pas encore la nôtre. Découragés à demi par les tentatives infructueuses de leurs prédécesseurs, ou effrayés de l'ampleur de la tâche qui restait à remplir, les philosophes anciens déses-

(1) Cf. *Timée*, 28 a.
(2) *Philèbe*, 27 b.
(3) Cf. PLINE l'Ancien, 11, 93.

pèrent de soumettre à l'empire de la science la nature entière. D'ailleurs, riches pour la plupart, ne réclamant de la spéculation qu'une satisfaction de l'esprit, il leur suffit de pouvoir rattacher à quelques principes simples les faits généraux de l'univers ; quant aux événements rares, étranges, individuels, ils les délaissent. « Il n'est de science que du général, il n'en est pas du particulier. » Ils limitent en fait la portée du concept de cause, déclaré par ailleurs universel. Cette manière de faire est de tout point conforme à l'ensemble de leurs idées sur la science.

Le principe « tout phénomène a une cause » aura toute l'extension qu'il comporte le jour où se produira un nouveau changement dans l'idéal scientifique. Ce fait aura lieu au xvie et au xviie siècles. L'amour du bien-être et du luxe répandu en Europe après la découverte de l'Amérique font désirer une science utile à la vie, « fertile en œuvres et non en paroles », selon le mot de Bacon. Des succès répétés et retentissants montrent que ce rêve n'est pas irréalisable. L'essor nouveau des sciences mathématiques contribue également à répandre l'idée du nécessaire. Aussitôt, la part de l'indéterminé laissé dans la nature tend à disparaître. On ne croit plus aux *lusus naturæ*, on néglige la distinction de l'essence et des accidents, les monstres ne sont pas le produit du hasard, les maladies étranges, les rêveries des sorciers, les événements économiques ou politiques, comme la richesse et la pauvreté des nations, leur grandeur et leur décadence, ont une cause positive, déterminable et représentable. Bacon, Hobbes, Descartes, Malebranche, Spinoza, sont d'accord sur ce point. La nature apparaît alors soumise à la nécessité dans ses moindres replis; le principe de cause s'applique enfin, sans exception, à la totalité des phénomènes.

Mais voici que l'idéal de Descartes se rétrécit. Les positivistes désespèrent de pouvoir donner à des lois d'expérience une valeur universelle. L'esprit humain, croient-ils, ne saurait établir qu'une science temporaire et limitée dans l'espace. Le principe de causalité subit comme le contre-coup de ce changement d'idées. Son extension diminue. Stuart Mill et Littré émettent l'hypothèse que peut-être, autrefois, à des époques lointaines, ou maintenant encore au-delà des étoiles, les phénomènes, comme pris de démence, se succèdent au hasard, sans obéir à aucune loi.

Il existe donc un parallélisme constant entre l'extension de l'idée de science et celle de l'idée de cause. Quand le nombre des phénomènes soumis à la science augmente ou diminue, la portée du concept de cause varie dans le même sens et dans la même mesure. Le rapport logique entre ces deux séries de faits est assez facile à saisir. La conception générale de la science oblige à soumettre au préalable à la catégorie de cause tous les phénomènes supposés scientifiquement connaissables. Ceux qui resteraient à l'état d'absolu ne seraient ni prévisibles, ni ne pourraient être retrouvés une fois disparus. Ils se refuseraient toujours à entrer dans les cadres de la connaissance virtuelle. Avouer un événement sans cause, c'est le déclarer du même coup incompréhensible. Nous savons trop à quel point les philosophes et les savants sont sensibles à tout ce qui favorise ou contrarie la dignité de la science pour ne pas accorder aux motifs exposés une influence prépondérante.

§ II. — *Réduction à l'unité des causes premières.*

Les primitifs ne se font pas faute d'admettre une multitude d'êtres éternels et incréés. De même quelques philosophes que nous retrouverons, Herbart, Bahnsen, Lotze, Spir, ont supposé la pluralité et parfois même l'infinité de l'absolu. Néanmoins, dès l'origine de la spéculation et dans tous les temps, la plupart des penseurs se sont appliqués à réduire au minimum le nombre des substances premières, à les ramener toutes, si possible, à une seule. Quels motifs les ont ainsi conduits à affirmer si vite, et avec tant d'assurance, l'unité de la cause première ?

Nous croyons que la démonstration de cette vérité ne dépasse pas les forces de la raison humaine. Mais les voies qui y conduisent ne sont pas aussi nombreuses qu'on aime à le supposer. Le meilleur procédé, le seul légitime peut-être, serait de s'établir, comme le fait Descartes, dans l'idée d'être souverainement parfait. Il resterait à démontrer, et c'est sans doute chose facile, que l'unité de l'absolu est une conséquence nécessaire de l'infinie perfection.

Mais beaucoup de philosophes, les matérialistes et les panthéistes en particulier, nient *a priori,* comme contradictoire, l'idée d'un être infiniment parfait. Force leur est d'avoir recours à d'autres arguments. Ceux qu'ils apportent n'ont pas, selon nous, valeur démonstrative. Ce sont, tout au plus, des commencements de preuves, que l'esprit complète sans y prendre garde.

Examinons un à un, pour en faire la critique, les arguments le plus souvent proposés.

L'unité de la substance serait, disent certains philosophes, Spencer en particulier, une supposition conforme aux données les plus récentes de la science. Depuis l'établissement de la chimie, une multitude de substances jugées très différentes ont été ramenées à quelques corps simples. Quatre de ces corps constituent à eux seuls tous les tissus vivants. La lumière, la chaleur, l'électricité, le magnétisme, sont produits par les vibrations variées d'une matière uniforme, répandue partout. L'âme, tenue jadis pour une entité spéciale, est devenue, depuis Hume, un groupe de phénomènes mis eux-mêmes, par les physiologistes modernes, sous la dépendance étroite de l'organisme. Ces faits, et beaucoup d'autres du même genre, permettent de considérer tous les êtres de la nature comme les modes d'une substance unique : éther ou force non définie en voie de perpétuelle évolution.

Que la science nous donne une indication dont il convient de tenir compte, cela est certain; mais elle ne fournit pas, à beaucoup près, les éléments d'une démonstration complète. Le nombre des corps qui résistent aux analyses des chimistes dépasse soixante-dix. Les propriétés de l'éther ne permettent pas de rendre compte de tous les phénomènes observés par les physiciens. Les physiologistes n'ont pas réussi à faire évanouir, pas même à diminuer, l'opposition séculaire de la matière et de la pensée. Les progrès de la science moderne n'autorisent donc pas à poser en principe l'unité originelle de la substance.

Les arguments de métaphysique, couramment employés pour atteindre à ce résultat, n'ont pas, eux non plus, la valeur que l'on se plaît à leur attribuer.

Les preuves tirées de la contingence de la matière, de l'existence du mouvement, de l'ordre du monde, et enfin de l'idée même d'absolu, n'établissent pas, en bonne logique, l'unité du premier donné.

Dans la preuve par la contingence du monde on raisonne ainsi : Le monde est contingent car on peut concevoir sa non-existence. Or le contingent implique le nécessaire. Donc il existe un être nécessaire. Les prémisses accordées, il suit seulement que l'esprit est obligé de poser hors du monde un Être nécessaire. Mais c'est un minimum, rien n'empêche d'en supposer plusieurs. Un manichéen accorderait le bien fondé des deux prémisses, sans être contraint pour cela de renoncer à ses doctrines.

La preuve par le mouvement, telle qu'elle est exposée par Aristote, peut se résumer ainsi : Il y a du mouvement — entendez du changement — dans l'Univers. Or, tout mouvement suppose un moteur étranger à l'être qui change, parce que « rien ne passe de soi-même de la puissance à l'acte ». Vu l'impossibilité de remonter ainsi, de cause en cause, à l'infini, il est nécessaire d'affirmer l'existence d'un moteur immobile qui « est » éternellement. — La réplique est la même que tout à l'heure. La conclusion implique seulement un minimum d'absolu. Nous pouvons toujours, suivant l'exemple même donné par le « Maître », en admettre une pluralité.

La preuve par l'ordre du monde n'établit pas mieux que les précédentes l'Être suprême. Tout ordre, dit-on, suppose un ordonnateur. Corrigez toujours : en suppose au moins un. Depuis Kant d'ailleurs, qui s'est appliqué à dévoiler les lacunes de l'argument des causes finales, ce point n'est plus discuté. Les philosophes admettent volontiers que l'harmonie du monde, comme celle d'un palais ou d'une machine, est conciliable avec l'hypothèse d'une entente établie entre plusieurs constructeurs.

Reste un dernier argument. L'unité de l'absolu serait la conséquence nécessaire du seul fait « d'exister en soi et d'être conçu par soi ». D'abord la liaison entre le principe et la conclusion n'est pas d'évidence immédiate ; autrement personne n'eût jamais affirmé la multiplicité de l'absolu. Au contraire, comme le dit Herbart, rien n'empêche l'esprit qui vient de poser un absolu de recommencer aussitôt la même opération. On a pensé atteindre au but en démontrant au préalable que l'idée de perfection est liée à celle d'existence non causée. L'absolu, est-il dit souvent, ne dépend de rien ni de personne, il peut donc s'étendre en tout sens, il est parfait. Ce mode de raisonner implique une pétition de principe. L'absolu n'échappe à toute concurrence et à toute limitation que si, par hypothèse, il existe seul à un moment donné. Descartes procède d'une façon quelque peu différente. Dans la seconde preuve de l'existence de Dieu il déclare qu'un être capable de se donner l'existence s'est du même coup donné la perfection, car « c'est une chose plus grande et plus difficile de créer ou conserver une substance que de créer ou conserver ses propriétés (1) ». Cet aphorisme est contestable, par conséquent la preuve ne porte pas.

Ainsi, à moins de démontrer ou de poser, en principe, l'existence d'un être souverainement parfait, il semble impossible d'arriver logiquement à l'unité de l'absolu. En tous cas, ni les déductions de la science

---

(1) Descartes : *Réponses aux objections*, axiome ix ; n° 82.

moderne, ni les raisonnements métaphysiques que nous venons de critiquer n'y conduisent nécessairement. De tels arguments semblent valides parce que l'esprit, en d'autres cas si exigeant, se montre ici d'une complaisance extrême. Il subit alors sans y prendre garde l'influence de préoccupations intéressées.

Assurément, dire avec Anaximandre que tout procède de l'Indéterminé, ou avec Spencer que tout sort de l'Inconnaissable, ne suffit pas à résoudre le problème scientifique. La déduction précise et sûre des événements n'est pas établie par cette affirmation. Pourtant la pensée que tous les êtres sont issus d'une même substance et possèdent un fonds commun, en facilite la représentation. Pour comprendre le service rendu, analysons d'abord ce qui se passe dans un musée lorsque nous approchons d'un tableau aperçu de loin. Nous saisissons en premier lieu l'ensemble de la composition, les grandes masses, les oppositions générales d'ombres et de lumières; plus près, nous distinguons l'attitude des personnages, la cassure des draperies, l'expression des visages; à deux pas, nous prenons plaisir à examiner comme à la loupe la finesse des carnations, le dessin d'une broderie, le fouillis des coups de pinceau. Parce que nous avons procédé par ordre, en allant du général au particulier, nous avons pu sans heurt, sans fatigue, emmagasiner dans notre pensée et classer en quelques minutes une foule de notions diverses. Si le même tableau nous était apparu soudain dans son infinie variété, nous n'aurions distingué pendant longtemps qu'une multitude de taches sans signification.

Il en est de même pour la représentation de l'univers. Placé sans préparation en présence des êtres multiples qui le composent, l'esprit est comme étourdi. Il ne distingue ni l'ensemble, ni les détails. Mais l'hypothèse d'une substance unique de laquelle procède chaque chose l'une après l'autre vient mettre de l'ordre dans ce chaos. On commence par une représentation relativement simple, sur laquelle il est facile de concentrer son attention. On en voit naître ensuite, par degrés, les propriétés générales du monde qui nous entoure, les grandes masses et comme l'ossature qui le soutient. Puis, dans chaque partie, se détachent des caractères particuliers. Enfin, de menus détails apparaissent dans quelques coins privilégiés. Que cette genèse du réel soit supposée s'établir par voie de métamorphose, d'émanation ou de création, peu importe : l'important consiste à ne pas être placé d'un seul coup en face d'un grand nombre d'idées étrangères. De nombreux exemples montrent que l'esprit prend un réel plaisir, et par conséquent trouve avantage à ramener toutes choses à l'unité d'une donnée primitive. Telle est évidemment la raison qui nous porte à faire bon accueil à l'hypothèse de Laplace, d'après laquelle une substance homogène répandue partout aurait formé tous les astres disséminés dans l'espace. La théorie évolutionniste, qui nous présente la série des êtres comme autant de retouches et de perfectionnements d'un type primitif, nous plaît encore pour la même raison. On expliquerait de même la préférence donnée en Mathématiques aux définitions obtenues par le procédé génétique. Dans tous ces exemples, l'esprit passe par degrés de l'homogène à l'hétérogène. Chaque vision nouvelle, préparée par celle qui précède, est assimilée sans effort. Les images coexistent dans la pensée sans se nuire ; elles y deviennent l'objet d'une connaissance distincte.

La séduction puissante exercée de prime abord par les systèmes monistes n'aurait pas d'autre cause. Il n'y a qu'un Dieu, dit Fénelon, parce qu'un seul suffit. A cette raison, toute négative, il convient d'en ajouter d'autres, positives. En premier lieu, l'unité d'origine facilite la représentation du divers. Poser un principe et, à l'aide d'une opération facile, en faire sortir les apparences sensibles, quoi de plus avantageux pour la pensée ? Même unis à leur principe d'une façon vague et lâche, les êtres de la nature paraissent alors moins étrangers entre eux ; les ennuis du multiple et de l'hétérogène sont atténués dans des proportions appréciables.

On nous objectera sans doute que certains philosophes échappent à ces exigences et se plaisent au contraire à justifier l'existence d'absolus en nombre infini et infiniment variés. Leibnitz est déjà tout près de cette doctrine. Les possibles sont pour lui autant d'absolus, logiquement antérieurs à la pensée divine. Dégagé de toute influence théologique, il aurait donné sans doute à toutes les monades une existence indépendante ; produites en vertu de leur essence, elles n'auraient pas eu besoin du « laisser passer » de la Monade suprême. Cette théorie, en germe seulement chez Leibnitz, est soutenue ouvertement par Herbart, Lotze, Spir et Bahnsen (1). Des substances en nombre fini ou infini, douées d'une même nature ou de qualités dissemblables, sont affirmées par ces philosophes comme autant de causes premières, comme autant d'absolus.

(1) Cf. P. MALAPERT : *Le Caractère*, Paris, 1903, pp. 97 et sq.

Ils ont voulu par là sauvegarder à tout prix l'individualité des êtres, en particulier la personnalité humaine, gravement compromise, disent-ils, par les doctrines monistes. Mais, l'envie de diminuer les principes de l'être et du connaître, contrariée un moment par un désir supérieur, ne perd pas ses droits. On la retrouve au second plan dans les systèmes monadistes. La diversité apparente des absolus recouvre une homogénéité très grande. Toutes les monades de Leibnitz sont des « forces représentatives », ayant pour objet le même univers; toutes les substances incréées de Herbart luttent de la même façon pour conserver leur intégrité. La variété des représentations individuelles est fonction de lois générales, éternelles comme les substances et susceptibles d'être exprimées en langage algébrique. Chaque individu est donc conçu comme un échantillon complet d'après lequel il est facile de se représenter approximativement tous les autres. Entre les absolus les plus différents des systèmes monadistes, on rencontre en définitive une distance moins grande et une opposition moins tranchée qu'entre les deux natures éternelles de Platon et d'Aristote : la matière et la pensée.

Ainsi le besoin d'une représentation simple, facile, maniable, ne perd jamais ses droits. Il trouve moyen de se satisfaire même dans le cas où le philosophe, soucieux de conserver aux êtres leur individualité, les pose tous comme autant d'absolus. Les substances éternelles sont conçues de telle sorte qu'il est relativement facile de se faire une idée d'ensemble de l'univers. A plus forte raison le besoin de simplicité sera-t-il efficace, si l'on est moins préoccupé de l'unité des êtres. On est alors invité à réduire de proche en proche le nombre des causes premières au point de ne laisser subsister qu'une seule substance éternelle et incréée.

§ III. — *L'Infinitisme.*

Un dernier progrès reste à faire pour que l'idée de cause acquière une extension rigoureusement universelle. La substance unique, habituellement placée à l'origine de la science comme une limite infranchissable, peut devenir à son tour l'effet d'une cause. Qu'il en soit de même pour le nouvel antécédent supposé, et l'esprit se trouvera lancé dans une régression sans fin.

L'esprit n'arrive ni du premier coup, ni toujours à cette extrémité. La plupart des philosophes manifestent seulement comme une gêne de l'absolu un simple désir de le dépasser qui n'aboutit pas. Quelques-uns, plus hardis, le font dépendre d'un principe supérieur, puis ils s'arrêtent là. Les uns et les autres présentent alors ce que nous appellerons des formes atténuées de l'infinitisme.

Depuis l'apparition du Criticisme le problème de la régression à l'infini se pose d'une façon catégorique. On se préoccupe de savoir si, oui ou non, la série des causes ne serait pas illimitée, s'il est permis d'affirmer l'existence d'une cause première. Nous désignerons cette théorie sous le nom d'infinitisme franc.

Malgré les motifs puissants qui, depuis deux siècles surtout, tendent à pousser l'esprit dans la voie d'une régression sans fin, la tendance avorte le plus souvent. Kant n'a jamais cessé de croire à l'existence d'une cause première ; Ch. Renouvier, tient obstinément à limiter la série des causes. L'esprit humain oppose donc une résistance tenace à l'infinitisme.

Ainsi, formes atténuées de l'infinitisme, infinitisme franc, résistance à l'infinitisme, trois classes de faits nettement différenciés, dont il convient de chercher les raisons.

A. — *Les formes atténuées de l'infinitisme.*

L'existence de l'absolu provoque, avons-nous dit, chez la plupart des philosophes un sentiment d'ennui. Ils éprouvent à la fois le désir de le soumettre à une cause et le regret de ne pouvoir y réussir. Cette simple tendance se trouve déjà dépassée chez ceux qui donnent à l'absolu une cause déterminée. Tel est le cas des partisans de l'argument « ontologique ». Qu'ils s'en rendent compte ou non, « l'essence » divine possède dans leur pensée une vertu créatrice. Leibnitz en convient d'ailleurs puisque, d'après lui, l'idée d'être parfait suppose une tendance à exister infiniment grande. Quelques philosophes assignent même, en propres termes, une cause à l'Être suprême. Le plus ancien serait Philolaüs, disciple de Pythagore. Pour expliquer l'origine de l'Un, principe de toutes choses, il aurait proclamé l'existence d'une entité supérieure, inaccessible à la pensée humaine, et « cause avant la cause (1) ». On sait que Plotin, saint Anselme, Secrétan, soutiennent une opinion semblable. Descartes, dans la seconde preuve de l'existence de Dieu, professe également que Dieu s'est donné l'être à lui-même. Le mot « exister par soi » est pris

---

(1) Ch. Huit: *Op. cit.*, p. 280.

par lui au sens positif, car « une cause, dit-il, peut très bien être appelée efficiente sans différer de son effet et sans le précéder « en temps (1) ».

Quels motifs poussent les philosophes à vouloir ainsi donner une cause à l'absolu ?

Nous aurons l'occasion de signaler à ce sujet, chez Lactance et Secrétan, l'influence de préoccupations théologiques et morales. Pour la plupart des autres, pour Descartes en particulier, il convient de chercher une explication différente.

On aurait le droit peut-être, vu le point où nous sommes rendus, d'invoquer une extension en quelque sorte mécanique de l'idée de cause. Après avoir, pour les raisons indiquées ci-dessus, assigné une cause à la presque totalité des êtres, l'esprit humain a perdu l'habitude de voir des faits sans cause. La rencontre d'une exception à cette loi générale doit lui sembler étrange, provoquer en lui un moment de surprise, une sorte de scandale logique. De là un sentiment de gêne et de défiance envers l'idée de l'absolu.

L'influence des formules toutes faites enseignées dans les écoles et souvent mal comprises n'est pas à négliger. Des phrases comme « Rien sans cause » ou « le Néant ne peut produire l'Être » ont de soi une portée universelle. Employées à tout propos, acceptées de confiance, sur l'autorité de maîtres révérés, elles acquièrent force d'axiome et sont employées parfois sans restriction. Dans les discussions du moyen âge sur l'Être cause de soi, le désir

---

(1) DESCARTES : *Réponses aux premières objections contre Catérus.*

de ne pas contredire un principe reçu est de toute évidence. Il existe, dit-on, deux manières « d'exister par une cause ». On peut tenir l'existence ou « d'un autre », comme le monde, ou « de soi-même », comme Dieu. Cette distinction purement verbale laisse entière la suprématie divine et sauvegarde, au moins en apparence, la portée universelle de la formule « Rien sans cause ».

Des considérations de meilleur aloi contribuent à étendre la portée de l'idée de cause. La présence d'un absolu, même solitaire, devient vite un embarras pour la pensée spéculative.

L'esprit, avons-nous dit, aime à procéder par degrés dans l'acquisition de ses connaissances. Une représentation préparée, c'est-à-dire formée à l'aide d'une image, d'abord très vague, puis soumise à un accroissement continu, prend place avec moins d'effort dans la conscience. Tant que l'absolu reste à l'état nébuleux il forme un point de départ commode et accepté ; l'esprit n'éprouve pas un besoin intense de lui donner une cause. A mesure que la cause première est chargée d'expliquer le monde avec plus de détails, le concept primitif se précise et s'enrichit. Lorsqu'il n'est plus représentable dans un seul acte d'intuition, on cherche à placer avant lui un autre concept, plus simple, qui contienne le second et le prépare, qui permette à l'esprit d'y arriver par degrés.

Un dernier inconvénient plus grave ne tarde pas à se révéler. Il est très difficile d'établir d'une façon démonstrative l'existence nécessaire ainsi que les propriétés essentielles de la cause première. Habituellement on procède ainsi : on constate des faits d'expérience courante, on induit des lois générales supposées constantes, puis on remonte de degrés en degrés jusqu'à l'Être premier. La méthode est légitime et peut donner des résultats certains ; elle est toujours délicate, et les solutions auxquelles elle conduit restent souvent discutées. Pour couper court à tous les sophismes, quelques philosophes ont eu l'idée de supposer une cause antérieure à Dieu même et d'en déduire, *geometrico more*, l'existence et les qualités de l'Être suprême. C'est évidemment pour ce motif que saint Anselme, Descartes, Leibnitz, introduisent l'idée d'une « essence » divine, principe de l'existence. La façon différente dont Plotin et Descartes usent à ce sujet des mêmes concepts est fort instructive. La réalité d'un Être infiniment parfait est pour Plotin une vérité indiscutable. Il en a pour garant une sorte d'intuition rationnelle, sans parler de la certitude supérieure acquise aux minutes de l'extase. Ce point mis hors de doute, Dieu, dit-il, ne saurait dépendre que de lui-même, et il affirme une volonté pure supérieure à l'Essence : Dieu est « cause de soi » parce qu'il est parfait. — Descartes, lui, veut prouver l'existence d'un Être souverainement parfait. Il espère réussir en supposant d'abord une volonté pure, capable de se donner l'être et toutes les perfections. Les termes de la proposition présentent un ordre inverse : Dieu est souverainement parfait, parce qu'il existe un être « cause de soi ». L'idée d'une « cause avant la cause » lui est donc suggérée par la recherche d'un principe de démonstration, par le désir de rendre « nécessaire » la croyance en la Divinité.

L'esprit humain n'est donc pas lancé, comme le prétend Hamilton, dans la voie de la régression causale par impossibilité de concevoir l'idée d'absolu.

La plupart des hommes acceptent sans difficulté l'hypothèse d'un premier commencement. La tendance qui porte les philosophes à supposer une « cause avant la cause » est le résultat d'influences multiples. Ils obéissent sans doute à une habitude irréfléchie. Ils peuvent aussi subir la suggestion de formules toutes faites, imparfaitement définies. Mais la raison déterminante tient surtout aux inconvénients d'un premier donné, plus gênants encore lorsqu'il s'agit de la cause suprême. Les esprits amoureux de science aisée et rigoureuse en sont vivement choqués ; ils éprouvent le besoin de recourir au seul remède expérimenté avec succès ; ils songent à donner une cause à l'absolu lui-même.

B. — *L'infinitisme franc.*

Avec Kant commence ce que nous avons appelé l'infinitisme franc. Dans la *Critique de la Raison pure* le principe de cause est entendu au sens rigoureusement universel et les conséquences extrêmes de cette interprétation sont exposées et discutées avec une intransigeance de logique auparavant sans exemple. Depuis, le problème de la régression à l'infini s'est imposé à tous les philosophes.

L'apparition de cette nouvelle doctrine a d'abord été préparée par une transformation du concept de cause, accomplie sous l'influence de la science expérimentale. Au jugement des métaphysiciens, la cause diffère complètement de son effet ; sous sa forme la plus parfaite elle est représentée par une substance immatérielle, immobile et éternelle. Des caractères si particuliers permettent de lui attribuer des lois spéciales. La cause du savant au contraire est un phénomène, un fait semblable à tous les autres. La question d'origine se pose donc à son sujet comme elle se pose pour n'importe quel phénomène; la solution consiste toujours dans l'affirmation d'un « antécédent inconditionnel », de même nature que l'effet. Le temps, sans lequel il n'est pas de régression possible, étant infini, on pourra toujours mettre une cause avant la cause. Bien plus, l'esprit sera même contraint de poursuivre; la nature de la cause, simple phénomène, interdit de s'arrêter.

Il reste un moyen pourtant d'échapper à l'infinitisme : considérer la cause-phénomène comme un symbole, comme un procédé commode pour se représenter la suite des événements, faire de la cause-substance l'expression directe de la réalité. Ainsi procèdent Malebranche, Spinoza, Leibnitz, Berkeley. La série des effets et des causes telle que la conçoit le savant est logiquement infinie, mais on l'arrête à volonté. Tous les phénomènes étant produits par la substance éternelle, on peut concevoir l'existence d'un premier événement.

Mais les progrès du phénoménisme font disparaître cette suprême ressource. En travaillant à supprimer l'idée de matière, Berkeley donnait un exemple fatal aux doctrines spiritualistes qu'il s'efforçait de défendre. La méthode et les raisonnements de l'évêque anglican seront appliqués par Hume à l'idée d'âme. Kant faisant la critique du *Cogito* de Descartes confirmera sur ce point les conclusions de Hume. Lorsque la philosophie du xviiie siècle aura ruiné, pour un temps, les preuves traditionnelles de l'existence de Dieu, il ne restera dans le monde aucune substance, ni étendue, ni pensante; seul se déroulera sans fin le flux des phénomènes. Le phénoménisme a donc écarté l'unique barrière qui pût arrêter l'esprit. Si la cause-phénomène est seule réelle, on doit, sous peine d'illogisme, affirmer l'infinitisme des causes.

L'infinitisme franc est donc la conséquence, imprévue d'ailleurs, de modifications apportées dans les méthodes scientifiques et dans les conceptions générales de la métaphysique. Tant que les philosophes sont restés fidèles au concept de substance; qu'ils ont en outre négligé ou tenu pour symbolique l'idée de loi, ils ont pu laisser se dérouler, sans y prendre garde, la suite innombrable des événements naturels. Mais lorsque la science expérimentale, triomphante, eut imposé ses concepts, lorsque le phénoménisme eut fait évanouir toute substance, la thèse du « regrès à l'infini » devait prendre soudain, et a pris en réalité dans l'histoire de la philosophie, une importance qu'elle n'avait jamais eue auparavant.

C. — *La résistance à l'infinitisme.*

Malgré les nombreux motifs de ne pas s'arrêter dans la recherche des causes, l'infinisme reste, chez la plupart des philosophes, à l'état de simple tendance. L'esprit humain manifeste un amour non équivoque et comme un appétit de l'absolu.

D'après Ch. Renouvier, nous serions retenus dans la voie du « regrès à l'infini » par la « loi du nombre ». Un nombre infini, réalisé, impliquerait pour tout homme raisonnable une contradiction évidente. Comme la série des causes, supposée sans limite, introduit une idée de ce genre, « il est nécessaire de s'arrêter ». Un raisonnement semblable, au moins obscurément senti, engendrerait la croyance, pour ainsi dire universelle, à un premier donné.

Nous ne discuterons pas ici la valeur théorique de cette preuve. Inutile de se demander, après tant d'autres, si le concept d'infini est ou n'est pas contradictoire, et dans quelle mesure la réalité forme un nombre (1). Le problème purement psychologique que nous essayons de résoudre n'exige pas ce travail.

Nous soutenons simplement que « la loi du nombre » n'a pas eu sur le développement historique de l'idée de cause une influence prépondérante. Cette conclusion ressort d'abord d'un examen rapide dirigé sur soi-même. Lorsque l'on renonce à reculer sans cesse l'origine des choses, on s'imagine obéir à des raisons complexes et d'analyse difficile. L'argument de Renouvier, clair et précis, semble beaucoup trop simple. On ne songe pas habituellement à faire intervenir les contradictions de l'infini. L'étude des systèmes confirme ce premier résultat. La loi du nombre n'a pas empêché les anciens de réaliser des infinis de plus d'une sorte. Les pythagoriciens, Anaxagore, Platon, font de l'infini une propriété des choses. D'après Leucippe et Démocrite, les atomes sont en nombre infini. L'étendue selon Descartes, les monades de Leibnitz présentent la même propriété. Par conséquent, lorsque ces philosophes refusent d'étendre, au-delà de toute limite, la succession causale, ils sont déterminés par quelqu'autre raison.

Mais d'où peut venir la résistance de l'esprit à l'infinitisme ? L'infinitisme est contredit par le premier

---

(1) Cf. MILHAUD : *Essai sur les conditions et les limites de la certitude logique*, Paris, 1894 ; — COUTURAT : *L'Idée d'Infini*.

besoin de la spéculation : celui de connaître et d'embrasser, si possible, d'un seul regard, tout le réel.

Nous ambitionnons une science totale, achevée, définitive, telle enfin qu'elle nous donne la sécurité sous toutes ses formes. Même imparfaite comme elle est maintenant, mais rattachée à une cause première qui limite dans le passé le champ de la recherche, notre connaissance rend des services considérables. Le métaphysicien convaincu de son système se voit transporté en esprit à la source de l'être, il assiste à la création du monde, il en dessine les contours, il en marque du doigt les parties les plus importantes. De là un sentiment de tranquillité, de repos, de travail presque achevé, récompense inappréciable de la haute spéculation.

Mais, la série des causes supposée sans borne, notre connaissance, si étendue soit-elle, apparaît comme un point perdu dans l'immensité. Si haut que l'on remonte, on découvre toujours, au-delà du lieu d'arrivée, un nouveau champ d'exploration. Poussé par l'attrait du mystère, l'esprit se met-il en marche pour sonder l'inconnu, il se rend compte bientôt de l'inutilité de ses efforts. La disproportion est trop grande entre le réel ainsi conçu et nos forces vite épuisées. Quelque chemin que l'on fasse, on ne gagne rien sur l'infini. Cette pensée le décourage. Il sent que s'il n'existe pas de premier donné, c'en est fait de son désir de science simple et totale, qu'il doit renoncer aux avantages espérés. Par un acte d'autorité, d'un mouvement brusque, il écarte l'infinitisme (1).

---

(1) Ceux qui seraient sensibles à l'argument d'autorité sauront qu'Aristote fait valoir des raisons semblables aux nôtres contre la possibilité d'un nombre infini de causes. Voici le résumé de

Cette origine assignée au besoin de limiter la série des causes et d'affirmer un premier donné explique tous les faits ainsi que leurs exceptions. En premier lieu on comprend que, dans la plupart des cas, l'affirmation de l'absolu s'établisse, antérieurement à toute raison positive, avec la spontanéité d'un mouvement réflexe. L'infinitisme tend à renverser une croyance invincible, la confiance native de l'esprit humain en ses propres forces. Sans plus d'examen, l'esprit se réfugie dans l'absolu, non par suite d'un attrait spécial, mais par crainte d'un plus grand mal, et malgré les ennuis qu'il sait rencontrer de ce côté. Les exceptions à la règle générale s'expliquent également bien. L'hypothèse du regrès à l'infini n'est pleinement acceptée que par les sceptiques et par les positivistes. Chez les uns comme chez les autres, le désir de science universelle a cessé d'exister. Les premiers, après les tentatives infructueuses des écoles dogmatiques, ont perdu confiance dans la puissance de l'esprit humain. Ils considèrent comme une illusion l'espoir de constituer un jour la connaissance intégrale de l'univers. Il en est de même des positivistes. Ils se désintéressent des spéculations des métaphysiciens. Volontairement confinés dans l'horizon étroit de la science, occupés pour la plupart de recherches de détails, ils ne voient pas d'obstacle à ce que la série des causes se déroule en tous sens jusqu'à l'infini.

Ainsi ni la loi du nombre, ni la fatigue, consé-

---

son argumentation : « Une telle conception est la négation de la science. Savoir, c'est expliquer, c'est connaître quelles sont les causes des phénomènes donnés et quel en est le nombre. Or, si la série des éléments qui constituent la nature n'a pas de terme, cette condition essentielle de la science n'est jamais fournie : on ne trouve nulle part une dernière cause, et l'univers demeure pour toujours inintelligible. » C. PIAT : *Aristote*, Paris, 1903, p. 8.

quence d'opérations mentales compliquées, ne déterminent les philosophes à limiter la série des causes. Ici encore ils subordonnent leur croyance, sans y prendre garde, à l'intérêt de la connaissance universelle.

Pour conclure cette étude détaillée des origines de l'infinitisme, nous dirons que l'antinomie de la cause n'est pas, comme le soutiennent les disciples de Kant, la conséquence d'une lutte entre deux tendances également primitives. L'opposition existe entre deux besoins secondaires apparus à des époques différentes.

Le premier en date est le besoin de se représenter l'ensemble du réel. Issu du besoin primitif de bien vivre, il se développe de très bonne heure et dirige de haut tout l'essor de la pensée spéculative. Le désir plus spécial d'établir une science commode a contribué à étendre la portée du principe de cause. Tous les phénomènes d'abord, puis toutes les substances, une seule exceptée, ont été soumises à l'empire de la cause. L'esprit, devenu plus susceptible, a découvert dans la présence d'un absolu des difficultés d'abord inaperçues ; il a songé à le faire dépendre d'un principe supérieur. Le phénoménisme, écartant la substance, obligeait à dire sans ambiguïté possible : « Tout ce qui existe a une cause. » Le besoin d'une représentation simple et rigoureuse, poussé à l'extrême, finissait par rendre illusoire le désir plus ancien d'une connaissance totale et définitive de l'univers.

Cette solution de la quatrième antinomie de Kant présente divers avantages. Elle fait d'abord évanouir l'hypothèse improbable d'un esprit mal fait, voué par sa nature même à des contradictions insolubles. Elle permet surtout de rendre compte, à l'aide d'une seule variable, des états divers de l'esprit à l'égard de la thèse du premier commencement. La tranquillité des primitifs, le sentiment de gêne éprouvé par la plupart des philosophes, l'indécision pénible ressentie surtout à partir du xviiie siècle, s'expliquent ainsi d'une façon très simple. Enfin, elle est conforme au principe général d'après lequel les modifications du concept de cause, chez les philosophes et les savants, dépendent toutes, de près ou de loin, d'un désir prédominant de science étendue et facile.

Les faits les plus importants relatifs à l'histoire du concept de cause se trouvent donc expliqués avec le seul concours des deux principes généraux exposés au début de cette étude. Tout homme désire d'abord connaître le plus grand nombre possible d'événements particuliers; son ambition va même jusqu'à prétendre explorer la totalité de l'univers. Il s'efforce en outre de remplacer la connaissance directe des phénomènes, longue, pénible, souvent impossible, par un autre procédé plus rapide et plus sûr : la connaissance rationnelle.

Ces deux lois posées, toutes les transformations du concept de cause s'expliquent sans trop de peine.

On constate d'abord que les philosophes et les savants ont une préférence marquée pour le concept de nécessité : la liberté ou même la constance causale leur inspire de la défiance. Cette manière de voir n'est pas, à l'origine au moins, la conséquence d'observations étendues et bien conduites; elle n'est pas sortie spontanément, non plus, des profondeurs mystérieuses de la pensée; elle est le résultat de l'activité intentionnelle de l'esprit. Les savants ont vite remarqué que la cause nécessaire, mieux que tous les autres genres de cause, favorisait le succès de leur entreprise, qu'elle seule permettait d'établir, à l'aide d'un petit nombre de principes, une déduction précise et rigoureusement certaine des événements de la nature. Les critiques formulées contre les concepts de liberté ou d'activité constante, la relation étroite constatée entre la pratique des sciences exactes et l'affirmation du nécessaire, ont prouvé la légitimité de notre explication.

Des raisons de même nature ont orienté la pensée des philosophes vers le finalisme ou vers le mécanisme et, qui plus est, vers les formes spéciales présentées par chacun de ces systèmes. Tous ceux qui ne se lassent pas d'admirer l'harmonie des œuvres de la nature doivent juger le mécanisme insuffisant. — Si l'artiste est, chez eux, doublé d'un savant, ils veulent saisir encore entre les phénomènes un lien de nécessité logique. Le concept vulgaire de cause intentionnelle est alors modifié; il tend à se confondre avec l'idée d'une fin impersonnelle, inconsciente, produisant directement ses effets. — Des esprits moins sensibles au charme du « beau et du bien » préfèrent s'en tenir aux causes aveugles du mécanisme, d'un emploi moins compliqué et d'une sécurité plus grande. Mais là encore se produisent, suivant les habitudes ou les tempéraments, des divergences d'opinion. Les géomètres, amoureux par-dessus tout d'une déduction sévère, préconisent le mécanisme atomistique; les positivistes, préoccupés surtout d'une science pratique, « fertile en œuvres » et rapidement faite, se contentent, à défaut de mieux, de ce que nous avons appelé le mécanisme phénoméniste.

S'agissait-il ensuite d'expliquer, au sein du concept de cause, la présence ou l'absence de l'idée d'action, les mêmes principes ont pu nous servir. L'idée d'action a pendant longtemps fait preuve d'une vitalité très grande. Elle a résisté autrefois aux attaques des sceptiques, et, récemment, les critiques des phénoménistes n'ont pas réussi à la détruire. C'est que le sentiment toujours présent de notre activité personnelle est renforcé par des motifs d'ordre scientifique. Même affinée au possible, l'idée d'influence permet à la pensée de considérer l'effet comme un prolongement de la cause. Elle est devenue d'ailleurs indispensable le jour où le parti pris de tout déduire eut fait considérer comme inertes les principes de la nature. Pour rompre la tendance des éléments à persévérer dans leur état présent, la cause dut posséder une vertu efficace.

A partir de Hume on s'efforce d'éliminer du concept de cause l'idée de pouvoir. La règle formulée par Descartes de n'accepter pour vraies que des idées claires a contribué à faire naître ce mouvement de réaction; les progrès de la méthode expérimentale et l'emploi presque exclusif de l'idée de loi naturelle y ont concouru également. Mais le véritable motif est l'apparition du phénoménisme. L'idée d'action devient alors presque inutile. Puisqu'il n'existe que des phénomènes, c'est-à-dire des représentations, des apparences incapables d'opposer une résistance appréciable, à quoi bon conserver dans la cause un pouvoir de contrainte? Pourtant l'idée d'action se retrouve, affaiblie, mais reconnaissable, jointe à l'idée de loi. C'est que le phénomène, si mobile qu'il paraisse, tend, comme la matière elle-même, à persévérer dans l'être ; il exige la présence d'une cause efficace. Ainsi toutes les conceptions relatives à l'action causale, sa présence, son absence, ses degrés, sa nature, sont la conséquence éloignée ou prochaine des besoins généraux de la connaissance scientifique.

Il en est de même, nous venons de le voir, pour l'extension croissante donnée au principe de cause. L'idée de cause est d'abord étendue à la totalité des événements accomplis dans le temps, afin de rendre dans ce domaine la science universelle. Pour des raisons semblables, les substances éternelles, conçues d'abord multiples, sont ramenées à l'unité. Puis l'habitude de remonter de cause en cause, l'ennui de se trouver soudain en présence d'un absolu aux qualités nombreuses, la difficulté d'en démontrer l'existence, donnent envie déjà de passer outre et de placer « une cause avant la cause ». L'apparition du phénoménisme a pour conséquences immédiates l'infinitisme franc. L'esprit s'arrangerait peut-être de cette conception. Mais la certitude de ne pouvoir dans ce cas réaliser son idéal de connaissance complète et définitive le ramène malgré tout à l'affirmation d'un premier donné.

Le travail d'élaboration des concepts de cause est modifié, dans les détails, par une multitude d'influences secondaires. Néanmoins les deux grands facteurs de la transformation sont toujours le désir de connaître la totalité de l'univers et celui d'établir la science suivant la loi du moindre effort. Ces deux principes sont dérivés de l'amour du bien-être, tendance universelle et vraiment primitive de la nature humaine. Un seul besoin par conséquent, grossier chez le primitif, affiné chez le savant, préside de loin à la naissance et aux métamorphoses du concept de cause. Ainsi se trouve rétabli, entre les formes les plus disparates, un lien de continuité.

LIVRE III

La causalité efficiente et les croyances morales et théologiques.

LIVRE III

La causalité efficiente et les croyances morales et théologiques.

L'influence des croyances morales et théologiques sur le choix de certains concepts de cause ne peut guère être contestée. Une exposition détaillée des faits qui mettent cette vérité en évidence exigerait de longs développements et dépasserait de beaucoup les bornes assignées à cet ouvrage. Nous nous contenterons donc de signaler, à titre de simple indication, les cas les plus remarquables où cette influence se fait sentir.

Les idées de liberté, d'activité intentionnelle, de cause transitive, de cause première, obéissent plus que d'autres à ce genre de préoccupations.

Nombre de philosophes affirment la liberté au nom des droits de la morale. « L'homme, dit Aristote, pour mériter l'éloge ou le blâme, doit être le père de ses actions comme il l'est de ses enfants... Le vice dépend de nous comme la vertu... Si l'homme n'était plus responsable, les lois, les préceptes, les avis, les conseils seraient absurdes (1). » De même,

---

(1) Aristote : *Éthique à Nicomaque*, III, 7, et *Gde Mor.*, I, 9.

Épicure rejette le déterminisme implacable de Démocrite parce que la « fatalité des physiciens » enlève à l'homme tout empire sur sa destinée. L'existence incontestée de l'impératif catégorique est pour Kant la garantie du libre arbitre. Secrétan, Renouvier sont également conduits à l'idée de liberté par des considérations morales.

Mais c'est peu d'affirmer la réalité de ce concept ; il faut le défendre contre les attaques des adversaires. Si la morale demande la liberté, la science réclame la nécessité universelle. Les savants objectent sans cesse que l'idée de liberté est contredite par les faits et de plus inintelligible. Pour la faire « accepter », les moralistes se sont livrés à un travail compliqué, étendu et curieux.

Pendant longtemps ils ont essayé de restreindre la portée de la science. Les lois fatales découvertes par la raison, confirmées par l'expérience, ont, disent-ils, valeur objective, mais elles n'atteignent qu'une partie du réel : « il n'y a de science que du général », de ce qui arrive « la plupart du temps ». Grâce à ce compromis, il y a place dans la nature pour le libre arbitre ; la science n'est plus l'adversaire de la morale.

En même temps, ils réforment la conception primitive de la liberté. A l'origine, la liberté n'est autre chose que le caprice, l'indétermination pure. Les moralistes l'ont rapprochée le plus possible de la nécessité. Déjà, chez Aristote, l'acte libre est soumis à des conditions nombreuses. En premier lieu, il est subordonné à l'existence de la raison et de la délibération qui se rencontrent seulement chez l'adulte ; les enfants « incapables de délibérer » ne sont pas libres. L'homme ne l'est pas davantage pour ce qui concerne le choix de la fin dernière : « La volonté du bien n'est pas en notre puissance. » La décision porte seulement sur le choix des moyens, et encore dans le cas où leur réalisation est en notre pouvoir. On le voit, Aristote amasse les restrictions ; il circonscrit la liberté dans des limites très étroites. On assiste après lui à de nombreux essais également entrepris dans le but de rendre moins scandaleux le concept de cause libre. Signalons seulement les efforts curieux de Ch. Renouvier. D'après ce penseur, l'acte libre est sans conséquences importantes pour l'univers matériel ; il consiste uniquement dans un pouvoir d'arrêt, dans la capacité laissée à l'homme d'entraver la force motrice des images. Leibnitz rapprochait encore plus la cause libre de la nécessité. Dans la *Monadologie* le choix de la volonté est tellement subordonné à la force des motifs que de la liberté il reste seulement le nom : le libre arbitre se confond avec un déterminisme supérieur.

Ce système de concessions mutuelles, qui réussissait autrefois, est devenu dans les temps modernes d'emploi plus difficile. Depuis le xviie siècle, la science a la prétention, en partie justifiée, d'expliquer tout le réel. Elle entame sans cesse la bande étroite où se meut la liberté. Entre le déterminisme et le libre arbitre il n'y a plus, comme jadis, simple opposition de tendances ; il y a lutte à mort, antinomie complète. Très conscient de cet état de choses, Kant s'est ingénié à trouver un biais qui permît de satisfaire aux exigences de la science et à celles de la morale (1). On connaît sa théorie. La science

(1) Cf. M. Mauxion : *La Philosophie de Herbart et la Critique de Kant*, Paris, 1894, pp. 317 et sq.

embrasse tout ce qui se développe dans l'espace et dans le temps. Tant qu'il s'agit de phénomènes, le déterminisme ne souffre pas d'exception. Mais au-dessus du monde sensible se rencontre un autre univers, le monde des noumènes. Là règnent la moralité et la liberté : une liberté complète, le droit de poser un commencement absolu.

La doctrine de la liberté transcendantale a semblé fort étrange à beaucoup de bons esprits. Pour sauvegarder la liberté ils ont adopté une autre tactique. Cessant de se défendre, ils ont pris l'offensive; ils demandent à la science ses lettres de créance; ils étudient ses méthodes, examinent la manière dont elle découvre des lois prétendues nécessaires. Ils constatent alors un si grand nombre de décrets arbitraires, de postulats, qu'ils se jugent autorisés à nier la valeur métaphysique des formules scientifiques. Ce sont, disent-ils, autant de procédés commodes pour résumer les faits, pour les retrouver ou les prévoir, pour les « parler » en un mot. La science ne prouve pas du tout que la réalité soit soumise à la nécessité. Le commencement absolu appelé encore « contingence » peut exister partout, dans le passé, dans le présent, dans l'avenir. Qui sait même si la liberté n'est pas la loi suprême de l'univers et si les indices de fatalité enregistrés par la science ne dénotent pas seulement une spontanéité affaiblie et passée à l'état d'habitude? Telle est dans ses lignes essentielles la doctrine de Secrétan et de ses plus illustres disciples. On ne saurait donc refuser aux idées morales une influence énorme sur l'histoire du concept de cause.

Il en est de même pour l'idée d'activité intentionnelle. Moralistes et théologiens se défient de l'idée d'efficience aveugle. Ils se plaignent, pour employer les expressions de Leibnitz, « de ce qu'on abuse au détriment de la piété des explications mécaniques des choses naturelles ». Afin de sauvegarder plus sûrement la personnalité de l'homme et surtout celle de la divinité, ils « rapportent le mécanisme à une source plus haute » et disséminent dans la nature le plus grand nombre possible de causes finales.

Ce sont là des faits connus. On sait moins peut-être que le désir d'établir une doctrine morale consolante a déterminé en partie le finalisme universel des stoïciens, et aussi celui de Leibnitz.

Il est évident d'abord que les Stoïciens n'agissent pas ici en philosophes désintéressés. Ils ne découvrent pas la finalité, ils l'imposent. Sénèque, dans ses *Questions naturelles,* ressemble à Fénelon ou à Bernardin de Saint-Pierre, disant que la mer a été établie par le Créateur pour unir les peuples. La recherche scientifique n'a pas cet empressement ; elle attend que les résultats confirment les hypothèses. L'usage qu'ils font du finalisme décèle assez bien le motif auquel ils obéissent. De ce que rien n'est vil dans la maison de Jupiter, il suit que le « sage » doit avoir confiance dans l'efficacité de son action et accomplir avec bonheur le rôle imposé par la Providence. Si humble que soit sa situation, il contribue à produire une œuvre d'art ; le monde est assez beau pour qu'il y ait plaisir à s'y dévouer tout entier. On comprend alors l'empressement des stoïciens à signaler dans les moindres replis de la nature des marques de sagesse, leur désir et comme leur fièvre de la finalité. Si l'univers n'était pas un « cosmos », leur doctrine de soumission perdrait de sa puissance; elle ne procurerait pas, au même degré, la tranquillité et le bonheur.

Le finalisme de Leibnitz est surbordonné à des considérations de même nature. Leibnitz n'éprouve aucunement, comme Spinoza, une sorte de jouissance maladive à se sentir emporté et broyé par l'énorme machine du monde. Le mécanisme géométrique lui cause une sorte de souffrance physique, il le déclare « intolérable ». Mais si le déterminisme aveugle est remplacé par un déterminisme intelligent; si le monde, parti d'un point de perfection infime, s'améliore sans cesse, telle une pyramide, étroite au sommet, s'élargit vers la base; si les monades appelées à la vie morale, celles qui composent la « cité de Dieu » sont destinées entre toutes à bénéficier de ce progrès, il n'en va plus de même. La volonté peut s'abandonner sans crainte à une fatalité bienfaisante. Comme chez les stoïciens, le finalisme et l'optimisme sont la rançon de la nécessité.

Ces faits prouvent une fois de plus que le finalisme n'est pas toujours, comme on l'a prétendu, une conception paresseuse. Bon nombre de ceux qui l'ont soutenu n'ont pas reculé, par ailleurs, devant des complications très grandes. Ils ont maintenu la finalité pour des raisons positives, comme la meilleure sauvegarde de leurs idées morales et religieuses.

L'influence des idées théologiques accréditées se fait encore sentir dans les discussions soulevées au XVIIe et au XVIIIe siècles pour et contre la causalité transitive.

Ainsi, malgré les principes phénoménistes qu'il

admet, Malebranche se résigne à laisser à l'âme une ombre d'activité propre pour éviter « les conséquences » impies de la théorie contraire. S'il n'avait pas été retenu par ses idées théologiques, à plus forte raison s'il avait voulu se faire un nom « en causant du scandale et en faisant crier les dévots », il n'aurait, sans doute, pas laissé à Hume le temps d'écrire le chapitre fameux sur « l'idée de pouvoir ». De même, Leibnitz reconnaît aux monades une force productrice, par scrupule de moraliste et de théologien. Par le mot de « bénédiction » rapporté aux premières pages de la *Genèse*, Dieu a donné aux êtres, dit-il, une parcelle de sa puissance.

Pour des motifs du même genre, Malebranche, Leibnitz et Berkeley attribuent au Créateur une activité transitive, déclarée contradictoire lorsqu'il s'agit des créatures. Cette inconséquence s'impose, car autrement Dieu ne serait plus l'auteur de toutes choses, et personne n'en semble choqué à cette époque. On était habitué à considérer la divinité comme un Être tout-puissant et incompréhensible. C'était lui faire injure que de prétendre approfondir la manière dont elle produit ses effets. Les théories des causes occasionnelles et de l'harmonie préétablie ont paru étranges et sont tombées, précisément, à mesure que le respect des croyances traditionnelles est allé s'affaiblissant. Spinoza ose soumettre l'activité de la cause première aux règles de la logique humaine; en conséquence, il considère la puissance divine comme immanente au monde. Hume et Stuart Mill écartent de parti pris toute considération théologique et morale; ils n'éprouvent aucune difficulté à supprimer partout l'idée d'activité.

La résistance des moralistes et des théologiens au phénoménisme intégral n'a donc pas lieu de surprendre. La religion veut un Dieu cause de toutes choses, et la morale réclame des personnes, auteurs responsables de leurs actes. Tant que ces deux croyances seront mises au-dessus de la spéculation, on ne saurait réserver le nom de cause à un antécédent dépourvu d'activité.

Ces mêmes croyances interviennent encore dans les disputes sur le finitisme ou l'infinitisme des causes.

D'une façon générale, elles contribuent à faire écarter l'infinitisme, théorie difficilement compatible avec l'existence de Dieu. Kant nous fournit encore à ce sujet un exemple remarquable. Il affirme au nom de la science une régression sans limite et, au nom de la morale, la nécessité d'une cause première.

L'idée qu'ils se font de la divinité a conduit Plotin et Lactance à la théorie, fameuse autrefois, de « l'Être cause de soi ». Plotin est convaincu d'abord de l'existence d'un être souverainement parfait. Dieu ainsi conçu ne saurait, dit-il, dépendre que de lui-même. « S'il y avait en lui quelque chose qui ne fût pas son œuvre, il ne serait point parfaitement libre et tout-puissant. » Il ne subit donc pas une « nature imposée »; il s'engendre lui-même de toute éternité par un acte de volonté libre. « Dieu est lui-même le principe de son essence (1). » Lactance adopte cette manière de voir pour un motif identique : « Dieu, dit-il, existe par lui-même; c'est pourquoi il est tel

---

(1) *Ennéades VI*, l. VIII, 19, 20, 21.

qu'il a voulu être (1). » Secrétan admet également que Dieu, volonté pure, s'est fait tout ce qu'il est. Il suffit de penser à la profession de foi énoncée au début de la « Philosophie de la liberté » pour rattacher cette affirmation au principe du « primat de la Raison pratique ».

En résumé, les croyances morales et théologiques exercent sur l'histoire des concepts de cause une pression efficace et parfois considérable. Quand on étudie la genèse d'un système, il est utile de songer à cette influence possible; il est souvent indispensable d'en tenir compte. Il convient cependant de ne rien exagérer. Le rôle prépondérant appartient, comme nous l'avons montré, aux besoins pratiques ou encore aux exigences générales de la spéculation.

(1) LACTANCE : *Hist. div.*, l. II, 8.

CONCLUSION

Des recherches psychologiques sur l'origine de nos idées de cause comportent, qu'on le veuille ou non, des conséquences métaphysiques. La pensée des résultats auxquels ces recherches peuvent conduire les a trop souvent dirigées et faussées ; elle contribue toujours à leur donner un surcroît d'intérêt. Indiquons rapidement les conclusions de notre travail relatives aux deux problèmes de la Nature de l'Esprit et de la valeur objective des concepts de cause.

I

Pour ce qui est de la nature de l'esprit nous nous séparons encore une fois et de l'Empirisme et de l'Innéisme.

Les empiristes n'arrivent pas à rendre compte de la variété de nos concepts de cause et des changements d'opinion constatés dans l'histoire de la philosophie. Ils n'expliquent même pas d'une façon satisfaisante l'existence du concept de cause scientifique, le seul auquel ils s'intéressent. Leur grand facteur de combinaison est la répétition fréquente. A supposer la succession d'événements identiques aussi fréquente que la théorie le demande, on n'arrive pas encore au résultat cherché. L'image des objets ne se fixe pas d'elle-même dans l'âme comme les détails d'un paysage sur la pellicule d'une plaque sensible. Des milliers d'événements passent sous nos yeux sans être jamais remarqués; parfois des phénomènes intenses et répétés, comme les bruits d'une grande ville, ne laissent pour ainsi dire pas de trace dans la mémoire. Par contre, un changement soudain dans notre genre de vie, un intérêt spécial nous fait immédiatement découvrir une multitude de faits auparavant inaperçus. Il ne suffit donc pas pour lever toutes les difficultés de donner à un être humain des yeux et des oreilles, ainsi qu'une faculté chargée de reproduire, selon certaines lois mécaniques, les impressions reçues. L'esprit juge et choisit les matériaux de ses idées. Il en accepte de minime importance, il en écarte d'autres que la sensation voudrait lui imposer. Il n'est pas, comme le prétendent les empiristes, le spectateur indifférent de la lutte des images.

La première marque d'activité méconnue par nos adversaires est d'abord l'influence élective de l'attention. L'attention, spontanée ou réfléchie, tient dans la genèse de nos concepts de cause, une place énorme. Grâce à l'attention, un fait se détache de son milieu, et se fixe du premier coup dans la mémoire; il est préparé pour devenir partie intégrante de nos synthèses mentales. Or, l'attention est une marque indiscutable d'individualité. Alors que les sensations demeurent sensiblement les mêmes pour tous les êtres d'une même espèce, l'attention est variable. Elle apparaît comme une réaction personnelle contre les données imposées du dehors. L'esprit qui possède cette faculté ne saurait déjà être comparé à « une table rase ».

L'homme manifeste encore une capacité très haute de découvrir en toute occasion des relations de finalité. Comparés à l'animal, le sauvage et le jeune enfant font preuve d'une supériorité écrasante. A mesure qu'ils grandissent et se civilisent, cette faculté s'étend à un plus grand nombre d'objets et en même temps s'affine. Découvrir des relations de moyens à fins, inaperçues du vulgaire, a toujours semblé le propre du génie.

Ce fait dénote encore une activité spéciale. Pour se rendre compte que deux événements se succèdent, que leur succession est constante, que l'un peut jouer par conséquent, par rapport à l'autre, le rôle de moyen, l'esprit doit formuler une série de jugements dont le nombre devient parfois considérable. Il semble au moins difficile de ramener ces opérations délicates, compliquées, à de simples successions d'images, au rappel par association.

En outre l'acte seul de se proposer un but, conscient ou même subconscient, éveille l'attention et met l'esprit dans un état de réceptivité spéciale. Les facultés de connaître se trouvent aussitôt adaptées, disposées en quelque sorte de façon à passer au crible les images, les sentiments et les idées qui se présentent. Les représentations indépendantes de la fin désirée traversent alors la pensée sans arrêt ; les autres sont retenues au passage et conservées. Ainsi s'expliqueraient les « idées » qui se présentent soudain à l'esprit du chercheur, les « inspirations » de l'artiste, les « traits de génie » du savant. Pour découvrir ce dont il a besoin, avec certitude et rapidité, l'intelligence se modifie elle-même, d'après les fins proposées, semblable, si l'on ose dire, à un instrument d'optique qui, spontanément, changerait la courbure de ses verres.

Notre théorie repose encore, en grande partie, sur un troisième fait, l'idée du « nécessaire ». Assez vite l'esprit humain se montre capable de percevoir des relations de ce genre. Vers le temps de Pythagore, on a conçu l'espoir, sans cesse entretenu depuis, d'établir un lien de nécessité entre tous les événements de l'univers. Cette pensée a exercé sur l'histoire entière du concept de cause l'influence que l'on sait.

Or, la perception du « nécessaire » manifeste chez l'homme une vertu, en quelque sorte créatrice. Du premier coup, sans raisonnement intermédiaire, l'esprit accorde au rapport perçu une valeur objective absolue et universelle. La nécessité ne règle pas seulement une existence actuelle, elle remonte plus haut vers la source de l'être et prétend imposer des lois au « possible » lui-même. On se trouve ici en présence d'impératifs catégoriques beaucoup plus impérieux que ceux de la morale. C'est déjà un gros mystère que la valeur objective donnée aux sensations. La valeur accordée à la relation du « nécessaire » est plus étrange encore. Quand on considère le peu de chose qu'est l'homme, la place infime que tient dans le temps et dans l'espace un acte de pensée, on est effrayé de tant d'audace. Pour expliquer ce jugement, — qu'il soit analytique, synthétique ou analyco-synthétique, peu importe, — il semble indispensable d'accorder à la pensée une puissance supérieure, la faculté de percevoir et d'affirmer en même temps la valeur absolue de certaines relations nécessaires.

Ainsi l'explication complète de nos idées de cause nous oblige à supposer en premier lieu l'attention, puis la perception des rapports de finalité et de nécessité. Par ces trois opérations l'esprit réagit contre les données imposées par les sens, il les dépasse et se pose comme un être doué d'activité propre.

Malgré ces gages donnés à l'Innéisme, nous ne saurions suivre cette doctrine jusqu'au bout. Certains innéistes veulent que les idées et les principes existent avant l'expérience, tout formés, dans l'entendement. Leibnitz n'est pas éloigné de cette opinion autant qu'il se plait à le dire. S'il faut l'en croire, les principes reposent dans l'esprit, comparables à une statue dont les contours se trouveraient dessinés, avant l'intervention du sculpteur, par les veines du bloc de marbre. Les éclectiques s'en tiennent scrupuleusement à l'innéisme de la faculté. Les sens, disent-ils, *perçoivent* les événements concrets, et, à cette occasion, l'esprit *conçoit* les idées premières et les principes directeurs. Sous toutes ses formes l'innéisme en vient à dire que les idées de cause et de raison émanent directement d'une faculté spéciale ; semblables à Minerve sortant tout armée du cerveau de Jupiter, elles apparaissent munies, dès le premier moment, de leur compréhension et de leur extension définitives.

Il serait très facile de concilier la thèse de l'innéisme, dans ce qu'elle a d'essentiel, avec les principes généraux établis au cours de cet ouvrage. Il suffirait d'affirmer que les influences utilitaires dont nous avons parlé éveillent de sa torpeur une tendance primitive, « un instinct de raison », comme dit M. Lachelier, qui, lui, nous inciterait à dépasser l'expérience. Le sentiment des avantages matériels ou spéculatifs jouerait ici le rôle de l'expérience dans la doctrine de Leibnitz. L'existence d'une faculté spéciale, à laquelle on tient tant, serait ainsi sauvegardée.

Si la démonstration que nous avons essayé de fournir était jugée insuffisante, il y aurait lieu d'avoir recours à cette hypothèse auxiliaire. Dans le cas contraire, le principe d'économie, — seul critérium dont nous disposions ici, — nous invite à considérer l'innéisme, même atténué, comme une théorie qui a fait son temps.

Pour notre compte, nous écartons d'abord toutes les doctrines de « préformation ». Avant l'expérience ni les idées ni les principes n'existent dans la pensée, pas plus qu'il ne se rencontre des plumes d'oiseau dans un œuf fécondé, ou des fleurs dans une graine. Nous n'admettons pas davantage l'existence d'une faculté spéciale, chargée de les créer directement. Entre l'existence des facultés primitives et l'apparition des idées et des principes, il se place un très grand nombre d'opérations intermédiaires. Sous l'excitation continue des avantages pressentis, l'esprit compose pièce à pièce des concepts de cause et de raison avec les matériaux de l'expérience ; il les étend ensuite, au fur et à mesure des besoins, à une partie plus ou moins considérable de la nature.

Ainsi, en vertu d'une activité qui lui est propre, l'esprit travaille les données de l'expérience ; il les accepte ou les repousse, les réunit ou les sépare. Il n'existe pas, néanmoins, de faculté spéciale chargée de produire directement les idées de Cause et de Raison ainsi que les principes qui s'y rapportent. Nos recherches ne résolvent pas assurément le problème de la Raison. Elles le posent néanmoins et le limitent. C'est peu, sans doute ; on nous accordera peut-être que c'est déjà quelque chose.

II

Que pouvons-nous maintenant conclure touchant la valeur objective de nos idées de cause?

Cette valeur semble à première vue singulièrement compromise. Nos concepts ne sortent pas, comme le veulent les innéistes, d'une faculté du vrai, la Raison; ils ne sont pas, comme dans la thèse empiriste, gravés dans notre âme, comme sur une table de marbre, par la nature elle-même. Ils sont faits par nous et pour nous, sous la poussée de besoins pratiques ou avec la préoccupation constante de réaliser un idéal scientifique. Entre toutes les formes qu'il pouvait concevoir, l'esprit en a choisi quelques-unes, non parce qu'elles sont vraies, mais en raison de leur utilité.

Gardons-nous cependant d'arriver trop vite à des conclusions sceptiques. Sur ce point encore notre théorie ébauche une doctrine de conciliation; elle nous permet d'accorder une valeur objective à nos idées et à nos principes de cause; elle nous met en garde, en outre, contre toute exagération.

Nous prétendons en premier lieu conserver à nos concepts de cause une valeur objective. Les motifs utilitaires dont nous avons souvent parlé se bornent à tenir en éveil les facultés perceptives. Nos concepts ne sont pas, comme le prétend parfois l'innéisme, créés de toutes pièces, mais construits à l'aide d'éléments pris, sans exception, dans la réalité vécue. Ce sont là d'excellentes conditions pour atteindre le vrai.

L'erreur commence peut-être quand on prétend s'en tenir obstinément à un seul concept. Les théories intransigeantes du mécanisme, du fatalisme, de l'occasionalisme, ne peuvent se réclamer de l'autorité des faits. Elles sont motivées par des raisons d'utilité et, qui plus est, par une utilité temporaire et personnelle, particulière à une époque ou à un tempérament. Ceux qui n'éprouvent pas les mêmes besoins ont donc le droit de les considérer comme suspectes et d'exiger, avant de les « retenir en leur créance », des preuves plus positives. C'est pourquoi, reprenant à ce sujet une expression employée par Leibnitz, nous dirions volontiers que, pris dans un certain sens, nos concepts de cause sont tous vrais. Les idées opposées de cause intentionnelle et de cause aveugle, de cause immanente et de cause transitive, de cause nécessaire et de cause libre, expriment toutes un des aspects de la réalité. Dans l'univers comme dans la pensée il existe, sans doute, non pas une cause, mais des causes.

Nous dirons exactement la même chose des principes de cause et de raison. De nos jours certains partisans de la « contingence » les déprécient d'une façon exagérée. A les en croire, la science théorique « n'est en aucune façon le tableau de l'univers ; elle a pour objet les lois de l'esprit, non les lois des choses ; nos hypothèses rationnelles ne sont que des formules qui nous servent à retenir le plus grand nombre de faits possibles ; la loi de causalité n'offre aucune garantie ». C'est pousser trop loin un mouvement de réaction qui d'ailleurs avait sans doute sa raison d'être. Qu'importe que les principes aient pris naissance sous l'influence de préoccupations intéressées ? Une hypothèse peut-elle être utile si elle ne contient quelque parcelle de vérité ? Comment croire que l'esprit arriverait à mettre de l'ordre dans un monde désordonné ? D'ailleurs, l'expérience de chaque jour confirme dans une large mesure les principes de la Raison. S'ils ne répondaient en rien au monde réel, au lieu de les confirmer les événements ne cesseraient de les contredire, et l'esprit le plus désireux de les conserver devrait cesser d'y croire. Sur ce point encore nous donnons gain de cause à l'empirisme.

Mais s'agit-il de préciser la portée de nos principes, la nature de la cause et le genre de « raison » qu'il convient d'universaliser, il y a lieu de se montrer prudent. Poussé jusqu'à l'extrême, le principe de cause conduit au fatalisme et à l'infinitisme ; le principe de raison exige l'universelle nécessité. Nous sortons ici du domaine de l'expérience. Il serait bon peut-être de le reconnaître et d'avouer au besoin les mobiles secrets auxquels on obéit. On y gagnerait d'être plus défiants envers soi-même, plus respectueux de l'opinion d'autrui ; toutes choses dont la science ne pourrait que profiter.

Maintenant ne pourrait-on pas aller plus loin et reconnaître avec les innéistes que la tendance précoce à supposer partout des causes et des raisons possède une valeur *a priori*. Notre connaissance de la nature ne serait plus le résultat d'un tâtonnement aveugle, d'un heureux hasard, mais une sorte de divination.

Une démonstration catégorique est difficile à fournir, quelque système que l'on préconise. Il est permis cependant d'alléguer des motifs qui rendent au moins probable une hypothèse de ce genre.

Soutenir que l'esprit de l'homme est isolé dans l'univers, qu'il a ses lois propres, indépendantes, est au moins hasardeux. Cette manière de voir, qui est celle de Kant, ne s'appuie, à notre avis, sur aucun fait positif. Elle a contre elle ce que nous savons de la nature. La science nous apprend qu'il existe entre les êtres de grandes ressemblances et comme un lien de continuité. Le végétal est soumis à toutes les lois du minéral, l'animal grandit comme le fait la plante, l'homme résume en lui tous les êtres qui l'ont précédé. Chaque règne nouveau domine le précédent et le complète sans le contredire. Leibnitz va même beaucoup plus loin : il soutient, non sans raison peut-être, que les êtres inférieurs contiennent déjà, sous forme de tendances aveugles, une ébauche des qualités épanouies dans le genre supérieur.

S'il en est ainsi, l'esprit de l'homme ne forme pas un empire dans un empire, il devient une espèce dans un genre. Par conséquent, les besoins généraux de sa pensée doivent se retrouver partout. Lorsqu'il recherche à tout prix la simplicité, partant l'unité, lorsqu'il construit la science suivant la loi du moindre effort, il obéit sans doute à sa nature propre, mais on a de bonnes raisons de croire qu'il en est de même de tous les autres esprits et que l'univers matériel est également construit suivant des lois d'économie. Dans ce cas, il existe entre l'esprit et les choses une sorte d'harmonie préétablie. Il suffit à l'homme de s'abandonner à ses tendances propres pour rencontrer la vérité.

Une voie différente conduit au même résultat. Nous avons par-dessus tout l'appétit du bonheur : tout en nous semble dirigé vers ce but.

Si l'on suppose avec les pessimistes que nos tendances natives sont illusoires, que l'attrait du bonheur est un piège tendu par l'astucieuse Nature pour nous conduire à ses fins, nos facultés de connaître, qui sont toutes mises, comme nous l'avons montré, au service du bonheur, ne méritent aucune confiance. Mais si l'on admet au contraire avec les optimistes que nos besoins primitifs sont légitimes, destinés à recevoir tôt ou tard un commencement de satisfaction, le scepticisme est écarté. Puisque pour vivre, pour jouir, il faut posséder la vérité, les principes qui président à sa recherche, de quelque manière qu'ils prennent naissance, ne mettent pas sur le chemin de l'erreur. S'ils étaient trompeurs et faillibles, tous nos instincts, dont ils sont comme le prolongement, devraient être suspectés, et le pessimisme aurait gain de cause.

Ainsi, croyance à l'optimisme et à la continuité du plan de la nature, deux hypothèses si l'on veut, mais plausibles et probables. Ces deux faits admis, les principes premiers prennent aussitôt une valeur *a priori*. D'ailleurs, le rationalisme le plus intransigeant n'échappe pas plus que nous à la nécessité d'admettre ces deux postulats. L'innéisme ne prouve rien si l'on ne suppose en même temps que notre esprit reflète l'image de l'univers.

Nous terminerons par l'expression d'un sentiment de confiance prudente. Il convient d'abord d'être prudents dans nos affirmations. Les pages qui précèdent nous ont montré une facilité surprenante à prendre des désirs pour la réalité. Cette tendance est dangereuse : elle incline à se contenter d'une observation superficielle et d'une vérification hâtive ; elle nous porte à considérer comme universels et constants des besoins individuels et temporaires. Cependant on doit avoir confiance en la raison. Rien ne prouve que les principes élaborés par elle ne soient pas conformes à la nature ; nous avons, *a priori*, de bonnes raisons de les croire légitimes, et le crédit spontané que tout le monde leur accorde est confirmé par l'existence de la science et de la philosophie. Malgré des tâtonnements inévitables et des erreurs sans nombre, l'unité se fait. Le champ de la découverte, immense à l'origine, se resserre de plus en plus. Que de théories en faveur autrefois qui ne peuvent plus renaître! C'est pourquoi, sans espérer que se réalise jamais l'idéal de science universelle ambitionné par l'esprit humain, nous croyons que la raison ne cessera de poursuivre, de perfectionner, l'œuvre de vérité qu'elle a déjà commencée.

Vu et lu à l'Université de Poitiers,
le 4 Juillet 1904,
par le Doyen de la Faculté des Lettres.
J.-A. HILD.

Vu et permis d'imprimer.
Le Recteur : H. CONS.

ERRATA

Page 7, ligne 8, lire : *logés*.
Page 32, ligne 33, lire : On invoque parfois d'une façon plus *simpliste*.
Page 33, ligne 10, lire : Puis l'idée d'intention, qui est *objectivée*.
Page 60, ligne 5, lire : *expliquer*.
Page 158, ligne 14, lire : Avec la cause finale, même dans les cas les meilleurs, la conséquence n'est *que* probable.
Page 160, note, lire : Cf. supra, p. 127.
Page 191, ligne 28, lire : La preuve par l'ordre du monde n'établit pas mieux que les précédentes l'*Unité de l'Être* suprême.

TABLE DES MATIÈRES

Introduction . . . .   I-VIII

LIVRE I

LA CAUSE EFFICIENTE ET LES BESOINS DE LA VIE PRATIQUE

PREMIÈRE PARTIE. — Les Concepts vulgaires de cause efficiente.
Chapitre I. — Multiples transformations   5
Chapitre II. — Origine du concept   21

DEUXIÈME PARTIE. — Le Principe de causalité.
Chapitre I. — Les caractères du principe de causalité.   44
Chapitre II. — L'origine du principe de causalité . .   65

LIVRE II

LA CAUSE EFFICIENTE ET LES BESOINS SCIENTIFIQUES

Chapitre I. — Les principes directeurs de la pensée spéculative   79
Chapitre II. — Passage de la contingence à la nécessité. — Causalité nécessaire   102
Chapitre III. — Causes intentionnelles et causes aveugles. — Finalité et mécanisme   136

LIVRE III

LA CAUSALITÉ EFFICIENTE ET LES CROYANCES MORALES ET THÉOLOGIQUES

CHAPITRE UNIQUE 217
CONCLUSION 227

La Chapelle-Montligeon (Orne). — Imp. de Montligeon.

www.ingramcontent.com/pod-product-compliance
Lightning Source LLC
Chambersburg PA
CBHW070616170426
43200CB00010B/1804